錢買得到幸福嗎？

關於金錢，殘酷無情的實話經濟學

残酷すぎる幸せとお金の経済学

佐藤一磨—著
高詹燦—譯

前言

請容我一開頭就提問。

人生中幸福度最低的「幸福谷底」，幾歲會到來？

讀者當中想必有人會驚訝也說一句「咦！幸福度會因年齡而產生變化？」。當中想必還有人會心想「話說回來，幸福的感受應該會因人而異，因年齡而產生的幸福變化，每個人也都不一樣吧？」。

這些疑問都很合理。其實回答這些疑問的研究領域，這三十年來持續發展中。

這就是**「幸福經濟學」**。

幸福原本是哲學、倫理學、心理學的分析對象，但自一九九〇年代起，經濟學也開始著手分析。

「幸福經濟學」的最大特徵，就是對多人進行問卷調查，想以定量的方式來掌握幸福，以及用經濟學的思維來進行分析。在「幸福經濟學」下，是以數值來測量我們的幸福度，並以統計方法（更具體來說，是以計量經濟學的方法）來分析，讓影響幸福的主要原因明確化。

一開始詢問的「人生的幸福谷底」這個問題，同樣也在「幸福經濟學」底下展開研究。**研究的結果得知，平均在48.3歲時，便會面臨人生低谷。**面對人生低谷的年齡，會因國家不同而有些許差異，但似乎大多集中在五十歲左右。

像這樣透過「幸福經濟學」的研究，得知許多與幸福有關的有趣事實，但過去它並未廣為向群眾介紹。因此，本書希望能簡單易懂地介紹與我們的幸福有關，耐人尋味的分析結果。

容我再問個問題。

男性與女性，誰的幸福度比較高呢？

在日本，不光在家庭和工作上，整個社會都還是強烈保有男性的優勢。考量到這種情況，一般人往往會認為「可能是男性比較幸福吧？」。

但正確答案是女性。若以男女來比較，以日本的平均值來看，女性的幸福水準比男性高。其實就算以全球來看，日本仍算是男女之間的幸福度差距頗大的國家。以幸福來說，可說是女性比較有優勢。而且這二十年來，男性的幸福水準有下降的趨勢，所以「幸福度的男女差距」仍持續擴大。

那麼，最後我再問個問題。

有孩子的已婚女性，與沒有孩子的已婚女性，何者的幸福水準比較高呢？

孩子是夫妻之間愛的結晶，是無可取代的家人。而在許多情況下，有孩子的家庭也會給人正向的印象。考量到這些因素，感覺有孩子的女性會比較幸福。

然而，正確答案竟然是沒有孩子的已婚女性。研究結果得知，在日本會因為有孩子而使得幸福水準降低。若以日本的社會整體來看，會希望能提高生育率，但這樣勢必得犧牲女性的幸福。這可說是日本社會面臨的一大矛盾。

在此要請各位針對上面這三個提問來思考，而本書也會進一步加以詳細分析。在「幸福經濟學」下，也得知許多會讓人覺得「咦！是這樣嗎！」，令人很感興趣的研究成果，我想在書中以淺顯易懂的方式讓大家知道這些成果。

此外，本書介紹的內容，全是根據學術論文的結果，有一定的可信度。但話雖如此，書中一概沒有計算公式。而是以折線圖和柱狀圖來表示結果，一看就能掌握內容。

各位在通勤時、在咖啡廳或睡前的放鬆時刻，若能輕鬆拿起本書來閱讀，將會是我最大的欣慰。

「幸福經濟學」揭開驚人的事實

我自己並非原本就對幸福經濟學感興趣，而是在研究的過程中，慢慢踏進這個領域。因為促成它的契機，是我想查明**「日本女性的幸福特徵」**。

我原本的專業領域，是對人們的就業和薪資進行分析的勞動經濟學。在分析女性就業行動變化的過程中，我對女性周遭環境的變化感到在意。昭和、平成、令和，在這樣的時空演變過程中，日本的女性從「結婚、生產後當家庭主婦的模式」改為「結婚、生產後同樣就業的模式」，而近年來更是轉變成「結婚、生產後同樣就業＋在社會表現活躍的模式」。此外，近年來「未婚＋持續就業」也愈來愈常見。

看著女性這樣的轉變，給了我一個很單純的感想，那就是**「這也太辛苦了吧」**。

當然了，女性當中也有人能巧妙地適應環境變化，成功達成結婚、生產、育兒、在社會上有活躍表現等過程。但在日本，女性應該負擔家事、育兒的這種偏差的性別角色分工意識依舊強烈，處在家庭與工作很難兩全的環境。

因此，應該也有不少女性無法因應外部環境的變化，而不得不放棄，或是強迫自己苦撐。

我心想，能否以數據資料來驗證這一點呢，就此將著眼點放在幸福度上。而採用幸福度來分析的結果，在現階段得到以下的結論。

日本的幸福女性，其特徵是「已婚」、「家庭主婦」、「沒孩子」，而非「未婚」、「職業婦女」、「有孩子」。

「已婚、家庭主婦、沒孩子」的女性擁有最高的幸福度，這是日本的現狀，其背後有性別角色分工意識造成女性得負擔主要的家事和育兒，以及最適合這種情況的外部勞動市場環境等因素。

本書希望能根據數據資料，來詳細說明這幾點。當然了，本書與男性也關係緊密，對於金錢、工作、年齡所帶來的幸福度改變相關的分析結果，也會在此說明。不光女性，決定男性幸福的條件也會一一解密，這是本書想達成的目標。

本書的構成

本書分成序章、「第一部：金錢與工作篇」、「第二部：結婚、育兒、離婚篇」、「第三部：男女、年齡篇」、終章等五個部分。

在序章會針對「如何測量幸福度」與「幸福度的測量方法可以信任嗎」來回答。在序章對於如何以數值來掌握每個人感覺不同的幸福，是否值得信任，來進行解說。另外，幸福經濟學的分析採用的基本思維，我也想在序章做一番簡單的說明。

在「第一部：金錢與工作篇」中，會談到金錢與幸福度的關係（第一章），以及工作與幸福度的關係（第二章）。在第一章金錢與幸福度的關係下，我會回答想必許多人都很好奇的「如果有錢就能幸福嗎？如果真是這樣，需要多少錢才夠呢？」這個問題。在第二章工作與幸福度的關係下，我會針對升遷與幸福度的意外關係進行解說。

而在「第二部：結婚、育兒、離婚篇」，會談到結婚與幸福度的關係（第三章）、孩子與幸福度的關係（第四章）、離婚與幸福度的關係（第五章），以及家庭構成對孩子人生的影響（第六章）。

而在第三章、第四章、第五章，會闡明幸福度將因為結婚、生產、離婚等生活中的事件而產生何種變化。我想在這些章節中闡明的，是「結婚後真的能變幸福嗎」、「孩子會帶來幸福嗎」、「離婚真的是不幸的開始嗎」等疑問。本書在「第四章：孩子對父母的幸福帶來的影響」花特別多的頁面，來闡明其實際情況。

在第六章我會提到，像家庭構成這種自己無法掌控的要素，其實會影響許多層面。當中也會針對「弟弟的懲罰」和「長男附加價值」等平時很陌生的詞語來加以解說。

在「第三部：男女、年齡篇」中，會談到依男女區分的幸福度變遷（第七章），以及年齡與幸福度的關係（第八章）。在第七章會闡明「日本的男性與女性的幸福度在最近二十年間起了怎樣的變化」。在第八章會回答「幸福度會隨年齡產生怎樣的變化，當中幸福度最低的年紀是幾歲」這個疑問。

而在終章，我想根據過去所看過的幸福度相關分析的結果，來思考「決定幸福的條件」。

此外，本書的序章會對作為每一章前提的幸福度測量方式進行說明，所以建議從「前言」開始閱讀。相對於此，本書從序章開始，各章都是獨立的，所以要從哪一章開始看都沒關係。各位可以從自己感興趣的篇章輕鬆閱讀。

那麼，就讓我們展開這趟發掘「幸福的真實樣貌」之旅吧。

目錄

第二章 出人頭地就能變幸福嗎——工作與幸福的經濟學

第二部 結婚、育兒、離婚篇

第三章 結婚後能得到幸福嗎——結婚與幸福的經濟學

第四章 為什麼「有孩子的女性幸福度低」——育兒與幸福的經濟學

第五章 離婚後會變得不幸嗎——離婚與幸福的經濟學

第六章 人生會因為「家人扭蛋」而改變嗎
——兄弟姊妹的構成與幸福的經濟學

第三部 男女、年齡篇

第七章 為什麼日本男性的幸福度低？
——男女與幸福的經濟學

序章

「幸福」的測量方式

「幸福」要如何測量？

本書會針對幸福度來介紹從各種觀點展開分析的結果。而在本書，我想簡單地說一下「到底何謂幸福度」，作為預備步驟。

一聽到幸福度，大家有什麼印象？

「測量幸福的數值？」

「帶有宗教性或精神性？」

「不太清楚。」

或許會有各種印象，不過幸福度是用來表示「每個人幸福程度」的指標。如果這樣說明的話，就如同它字面的含意，但要是仔細思考，有許多人會提出以下兩個疑問。

①幸福的程度明明肉眼看不見，要如何測量？

②幸福是主觀的指標，每個人的感覺應該都不同。對這種東西進行分析也沒意義吧？

會有這些疑問很合理，而且準確地戳中了問題點。我想要逐一回答這些疑問。

首先是第一個疑問，經濟學上的幸福度測量，主要都使用問卷調查。而問卷中會採以下這樣的問句。

「整體來說，您最近的生活是什麼感覺？是很幸福？還算幸福？還是不太幸福呢？」

這個提問在美國的芝加哥大學實施的綜合性社會調查（General Social Survey）中實際使用，回答的選項有①很幸福、②還算幸福、③不太幸福等三個層級。如果是其他調查，有時回答的選項會分成五個層級，不過問句依舊是維持「就整體來看，您最近的生活感覺是哪種程度的幸福？」這樣的形式。這就此成為測量幸福度的學術研究標準。

幸福度可以信任嗎？

看了這句提問，應該有很多人會覺得「竟然問這麼簡單的問題」對吧？其實我也有同感。同時抱持著「用這麼簡略的提問，真的能確切地測量出幸福度嗎？」這樣的疑問。

就結論來說，這個提問同樣也沒問題。

在使用這個提問時，會採取各種驗證，確認用它來測量幸福度值得信任。附帶一提，**驗證是採取穩定性、有效性、一貫性、在多國之間比較的可能性這四個觀點來進行**。

在穩定性下，會驗證「就算之後再問一次同樣的問題，回答是否一樣不變」，而從中得知在其他機會下就算問同樣的問題，回答也不會有多大的改變[1]。表示回答的結果不會缺乏一致性。

而在有效性下，會驗證「面對和幸福有關的提問所做的回答，是否確切地反映出個人的情感」，或是「是否會因為某個偏見，而在回答幸福度時說得偏高或是偏低」。驗證的結果，得知偏見在整體沒有問題[2]。

在一貫性下，驗證「愈是回答自己覺得幸福的人，是否其他間接的幸福指標也愈是顯示出同樣的傾向」。驗證的結果得知，愈是回答自己幸福的人，其配偶、其人、朋友也愈會給予幸福的評價，總是笑口常開，重視社交，很少請假，對未來抱持樂觀態度。幸福度的測量結果與其他指標關係緊密。

至於最後一個在多國之間比較的可能性，會對擁有不同文化背景的人問同樣的問題，驗證他們對提問的理解情況是否有差異。驗證的結果得知，不論回答者所屬的文化背景為何，對提問內容都有同樣的理解[3]。儘管國籍不同，但對提問同樣都能理解。

根據以上的驗證結果，我可以很自信地說，**和幸福度有關的提問雖然內容簡單，但可以信任。**

幸福度的分析有意義嗎？

我想接著回答第二個疑問。

的確，對幸福的感覺因人而異，就算做同樣的事，對幸福度所造成的影響也會有差異。如果光憑這樣，實在無法分析。因此，會對一百人、五百人、一千人……等眾多人數展開幸福度相關的調查，從中調查出具有怎樣的規則性。

不是關注某個特定的個人，而是調查眾多人，驗證這些人顯現出怎樣的傾向。

舉例來說，我們來思考像臉書和推特（現今的X）這類社群網站的使用與幸福度的關係吧。使用社群網站有利有弊，好的一面是可以輕鬆地與朋友保持關係，從中得知名人的動向，至於壞的一面，則是浪費時間，看別人表現活躍，反而情緒低落。由於感受因人而異，要是以個人來看，要從中判斷使用社群網站的效果，非常困難。

因此，要進行五百人或一千人的大規模調查，收集使用社群網站與幸福度有關的數據資料，探尋其規則性。光一、兩人無法得知的事，但人數一多應該就會顯現出**一定的傾向**。

這時候會盡可能掌握性別、年齡、學歷、就業狀態、年收等個人屬性的差異，所以要採用統計方法來處理。這麼做就能驗證使用社群網站所帶來的效果。

在與幸福度有關的分析下，為了因應「幸福的感受會因人而異」這個課題，會想要盡可能從更多人身上收集數據資料，從中看出其規則性。

附帶一提，使用社群網站的效果，已知會因為社群網站的過度使用，而造成幸福度下滑[4]。根據使用臉書、推特（現今的Ｘ）、ＩＧ，與幸福度的關係進行驗證所做的最新研究，已確認在為期十天的驗證期間內，每天使用這些社群網站的次數愈頻繁的人，愈有幸福度下滑的傾向[5]。此外，也有研究報告指出，當停止使用臉書一週時，幸福度反而提升[6]。

根據這些研究結果，我們可以說社群網站切忌過度使用。

「決定幸福的條件」變得清晰

在與幸福度相關的分析下，會盡可能從更多人身上收集數據資料，展開統計處理，試著從中看出規則性。如果看近幾年的動向，可以說資料科學的特質相當強烈。

我想透過這些分析闡明的，是**「決定我們幸福的條件」**。

「愈有錢就愈幸福嗎？」

「結婚會變得比較幸福嗎？」

「有孩子的女性與沒孩子的女性，誰比較幸福？」

「離婚是不幸的開始嗎？」

「年輕時與上了年紀後，哪個比較幸福？」

「人生中最不幸的時期是什麼時候？」

透過逐一回答這些問題，讓影響我們幸福的要素就此明確化，這可說是「幸福經濟學」的主要目的之一。

附帶一提，幸福相關的研究，原本在哲學、倫理學、心理學的領域中便相當興盛，經濟學是後來才參與研究。參與的契機之一，是普林斯頓大學的心理學家丹尼爾・康納曼（Daniel Kahneman）名譽教授創立了行為經濟學，幸福經濟學作為它的衍生領域之一，相關的研究逐漸增加。

幸福經濟學的主要特徵，可說是展開數據資料分析，以及以經濟學作為其背後的理論基礎。不過，本書一概沒有計算公式，也幾乎沒出現任何艱澀難懂的經濟理論。我努力以簡單易懂的圖表來說明分析結果的精華。

此外，我在各章的最後加上歸納。如果你很忙碌，只要閱讀歸納的部分，便能掌握大致的內容，請善加活用。

第一章

用錢買得到幸福嗎

金錢與幸福的經濟學

有錢就能得到幸福嗎？

第一個主題直接就是「金錢與幸福」。

有沒有錢，與我們的生活有很深的關聯，會很自然地對幸福帶來莫大的影響。如果沒有錢，食衣住行無法隨心所欲，想必很難真切感受到幸福，反之，如果有足夠的錢，能買自己想要的東西，過奢侈的生活，任誰也會真切感受到幸福吧。

雖然明白似乎有「有錢＝幸福」這樣的關係存在，但冷靜思考後，腦中會浮現幾個疑問。

首先，要有多少錢才會真切感受到幸福呢？以年收來看，是五百萬日圓，還是一千萬日圓呢？

此外，擁有（或是能賺到）的錢增加愈多，幸福也會等比增加嗎？如果這個關係成立的話，可想而知，富裕階層的幸福度肯定相當高。

本章想回答金錢與幸福相關的疑問。

幸福在一千萬日圓年收達到頂點

關於年收與幸福度，有兩位研究者於二〇一〇年公開一份很有名的論文[1]。其中一名作者是普林斯頓大學的名譽教授丹尼爾・康納曼，他在二〇〇二年開創行為經濟學，因這項貢獻而獲得諾貝爾經濟學獎。另一位作者是普林斯頓大學的安格斯・迪頓（Angus Stewart Deaton）教授，他也因為進行「消費、貧困、福利」相關的分析有所貢獻，而在二〇一五年獲得諾貝爾經濟學獎。

這兩位諾貝爾經濟學獎得獎人的分析結果，非常耐人尋味。

他們採用美國蓋洛普公司以一千名美國居民為對象展開的調查，來分析年收與幸福度的關係。結果得知「年收介於六萬～九萬美元（約八百四十萬～一千兩百六十萬日圓），幸福度會持續上升，但超過這個數字後，幸福度就不會再上升」。

在他們的研究中，以幾個不同的範圍來測量年收，結果顯示，一旦超過六萬～九萬美元的這個年收範圍，幸福度便不會再提升。附帶一提，九萬美元以上的年收範圍，包含了九萬～十二萬美元（約一千兩百六十萬～一千六百八十萬日圓），以及十二萬美元以上，其作為分析對象的樣本相當豐富。

康納曼名譽教授等人的分析結果，傳達了**「想要變得幸福，只要能賺到七萬五千美元（六萬美元～九萬美元的中間值）就行了」**這樣的明確訊息，對之後的研究帶來很大的影響。

說到七萬五千美元，以現今的匯率來看，大約是一千萬日圓。根據國稅廳的《民間薪資實態統計調查》（二〇二一年），年收介於一千萬～一千五百萬日圓薪資所得者僅占全體日本人的3.5%，確實給人一種有錢人的印象。因此，如果說「只要努力賺到年收一千萬日圓，就能得到幸福」，感覺應該能接受對吧。

然而，這個研究結果日後被推翻。

根據最新的研究，愈有錢，幸福度也愈高

在二〇二三年，也就是康納曼名譽教授與迪頓教授推出那項研究的十三年後，康納曼名譽教授與賓州大學華頓商學院的馬休・基林斯沃（Matthew A. Killingsworth）高級研究員以及賓州大學的芭芭拉・梅勒斯（Barbara Mellers）教授，一同發表了新的研究[2]。附帶一提，他們使用的數據資料是以三萬三千三百九十一名有工作的美國居民為對象所做的調查。

在這項研究中也關注到年收與幸福度的關係，但得到和之前不同的結論。他們的結論說得極端一點，意思就是**「年收達七萬五千美元以上，幸福度仍會繼續提升」**。

更正確來說，把人們分成幸福度低的族群與幸福度高的族群來進行分析的結果，得知在幸福度低的族群中，年收與幸福度的關係在達到一定的數字後，便已達到頂點，但在幸福度高的族群裡，隨著年收的增加，幸福度提升的傾向會顯得更明顯，這就是研究的結果。在幸福度高的族群裡，一旦年收

達十萬美元（約一千四百萬日圓）以上後，幸福度的提升會加速，這個結果很耐人尋味。

在二〇二三年做的研究中，分成幸福度低的族群和幸福度高的族群來進行分析，這就是它得到全新結論的原因。

其實近年來漸漸透過研究得知，在幸福度低的族群與幸福度高的族群之間，像學歷、健康、就業狀態等各種主要因素的影響，逐漸不同以往，康納曼名譽教授等人的研究也可說是這種情勢下的呈現[3]。

不管怎樣，最新的研究結果表示**「愈有錢愈幸福」**。

這個結果帶來什麼啟發呢？

所得落差會造成幸福度的落差嗎？

「愈有錢有幸福」，意謂著社會一部分的富裕階層真切感受到很高的幸福度，至於其他人則相對幸福度較低。如果社會整體的所得落差大，則幸福度的落差很可能也會變大。

在我們所處的資本主義經濟下，是以競爭為前提，會產生所得的落差也是無法避免的事。不過，當所得與幸福度產生連動反應時，有很大的所得落差存在，恐怕就會造成幸福度的落差。

當然了，如果說「這是資本主義經濟的結果」，那也就沒什麼好討論了，不過，當有嚴重的落差存在時，總需要採取因應措施吧。在這方面，政府的所得重新分配政策相當重要，必須對所得落差採取適當的因應之道。

附帶一提，看所得落差的現狀會發現，美國從二〇〇〇年代之後所得落差不斷擴大（圖1）。所得落差是以吉尼係數這種指標來測量，它的數值為0～1，愈接近0，所得落差愈小，愈接近1，則所得落差愈大。

美國二〇〇四年的吉尼係數為0.360，二〇一〇年為0.380，而二〇一八年為0.393，不斷攀升。美國是個比日本還要嚴重的所得落差社會，很可能在連動效應下，幸福度也產生落差。

相對於此，日本的所得落差又是如何呢？看圖1的吉尼係數會發現，二〇

圖 1 日本與美國的吉尼係數變遷

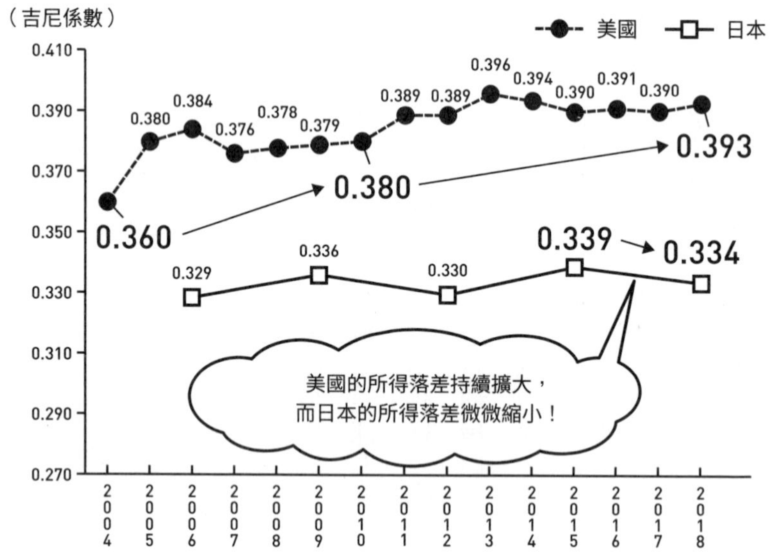

出處：OECD.Stat（https://www.oecd.org/）。日本的數據資料採用的是厚生勞動省「國民生活基礎調查」。

一五年到二〇一八年這段時間，所得落差緩緩下降。二〇一五年的吉尼係數為0.339，二〇一八年為0.334，有下降的趨勢。正好與美國相反。日本有一段時期，所得落差的擴大引來許多關注，但這樣的傾向可以說正逐漸淡化中。

這樣的所得落差縮小，有可能會促成幸福度落差的縮小，是令人高興的事。不過，新冠疫情發生後的情況仍舊未明，必須持續關注。

即使經濟成長，幸福度一樣沒提升

接下來想看的是國家層級的金錢與幸福的關係。

說到國家層級的代表性經濟指標，非GDP（國內生產毛額）莫屬。GDP如果隨時間持續擴大，國家整體的經濟規模不斷擴大，就意謂著經濟成長。當所得隨著經濟成長而增加時，國民就能購買各種東西，也能去遠方旅行。此外，生活上也會更從容，能更留意自己的健康，讓孩子受更好的教育。

因此，經濟成長讓人們變得幸福，這是很自然的想法。

然而，若翻閱過去的研究，會得知一個意外的結果。其實**「經濟成長與幸福度沒有關聯」**。

關於經濟成長與幸福度的關係，過去做過各種研究。當中特別受矚目的，是南加州大學的理查德．伊斯特林（Richard A. Easterlin）教授於一九七四年發表的論文[4]。

他在論文中闡明「即使一個國家經濟成長，但一樣不會促成人們幸福度的提升」。

經濟成長理應給人們帶來許多好處，但實際上並不會帶來幸福，這個反論的結果，人稱**「伊斯特林悖論」**。

此外，伊斯特林教授採用的是美國的數據資料，而在日本，則是有大阪大學的大竹文雄教授等人的研究，採用日本數據資料的分析[5]。在這項研究中，對一九五八年到一九九八年的這四十年間，日本的實質ＧＤＰ與作為幸福度指標之一的生活滿意度的關係展開驗證。

這項分析也證明了「即使ＧＤＰ上升，生活滿意度也不會提升」。

此外，生活滿意度是用五個階段來測量生活全面的滿意度，與幸福度一樣被視為幸福的指標，許多學術研究都會使用。

因為與他人比較，幸福度也跟著改變的原因

為什麼明明經濟成長了，但幸福度卻不見提升呢？

這有許多說法，其中一項說法指出**「要是不光只有自己，而是大家都一起變得豐足，就無法真切感受到幸福」**。

它的結構如下。當所得提升時，生活水準提升也會提高幸福度。而「自己的所得比周遭人都來得高」的這份優越感，發揮了另一種效果，扮演了提升幸福度的角色。

舉例來說，原本過去月薪二十萬日圓的人，因為高升而月薪變成三十萬日圓時，幸福度就會提升。而當他知道許多同學的月薪都還在二十萬日圓時，自己月薪提高所帶來的滿足感會更加提升。但要是知道同學們其實也都高升，平

均月薪為四十萬時，高升或月薪增加所帶來的喜悅恐怕便會馬上煙消霧散。

就像這樣，「與周遭人比較，自己是什麼地位」，會對幸福度帶來很大的影響，這稱作**相對所得假說**（relative income hypothesis）。在這個與其他人一同生活的人類社會下，**與其他人相比，自己的地位究竟是高還是低，是人們很關心的重點，也會對幸福帶來很深的影響**。

當我們以相對所得假說的觀點來思考經濟成長的效果時，如果不光只有自己，而是整個社會的所得都提升，則所得增加的效果就會淡化。如果這種相對所得的效果強烈，則就算社會整體的所得水準隨著經濟成長而提升，也會出現難以真切感受到幸福的情況。

「我比其他人賺得更多」

「我的生活過得比其他人好」

與其他人比較時產生的相對地位，會對幸福帶來不容輕忽的影響，而從中感受到人們的罪業深重。

經濟成長，造成孩子的幸福度下降

一直都有人說「經濟成長與幸福度無關」，但其實只要改變觀點，也會發現經濟成長對幸福度造成明確影響的案例。

那就是對孩子的影響。

自從有了「伊斯特林悖論」後，便開始針對經濟成長與幸福度的關係展開各種分析，但當中許多採用的都是成年男女的幸福度。其背後是因為數據資料的限制，許多數據資料只能調查成人的幸福度。但近年來，會連同孩子的幸福度也一同調查的資料逐漸增加，連經濟成長對孩子幸福度的影響也得以展開分析。

驗證經濟成長對孩子的幸福所帶來的影響後，意外得知**「孩子的幸福度會因為經濟成長而降低」**。

進行這項分析的是韓國高麗大學的羅伯特·蘭德弗教授等人，他們採用二〇一八年OECD（經濟合作暨發展組織）的國際學生能力評量（PISA），對十五歲的孩子整體生活的滿意度與經濟成長的關係進行分析[6]。

分析的結果得知，人均GDP愈高的國家，孩子對整體生活的滿意度愈低。根據他們的計算，如果人均GDP增加為兩倍時，整體生活的滿意度會降低48%左右。此外，人均GDP愈高的國家，孩子喜悅和安心的正面情感愈低，悲傷和憤怒等負面情感愈高。

這些結果顯示，**「經濟成長未必會造就出孩子的幸福」**。

這結果很令人震驚，但為什麼會產生這樣的事態呢？其實其背後存在的結構，是經濟成長為孩子帶來的正面影響與負面影響中，負面影響勝出。

說到經濟成長帶來的正面影響，那就是生活水平提升。

因為經濟成長，父母的所得提高，伴隨著孩子的食衣住行品質也跟著改善。這會促成孩子健康狀態的提升。此外，在經濟上有餘力，學習和接受更高教育的機會也隨之增加。而全體國民若因為經濟成長而變得富足，則因為貧窮而被捲入犯罪中的比例也會跟著降低。就像這樣，經濟成長給孩子帶來許多好處。

而相對於此，經濟成長帶來的負面影響，是從幼年時期便投入學習的時間增加。

伴隨著經濟成長，社會上需要擁有更高技能的人材。因為經濟成長，產業會由第一級、第二級產業轉移，像金融和ＩＴ這種以服務業為主的第三級產業的比例將會更加提高，所以會要求得具備更高級的知識和思考力。近年來，就像「數理、資料科學、ＡＩ」的重要性日漸攀升一樣，人們要求得具備的技能也明顯比以前提高許多。這些技能不是那麼簡單就能具備，必須很早就開始逐步累積各類知識。

結果造成孩子從幼年期就開始持續學習顯得格外重要，用來學習的時間因此不斷增加。當用來學習的時間過多時，恐怕會造成孩子的心理健康惡化以及幸福度降低。當然了，當中也有適合學習，能承受各種學習以及長時間讀書的孩子，但就整體來看，孩子容易疲乏，觀察出有幸福度下滑的傾向。

關於這點，蘭德弗教授等人針對孩子們面對的學習狀況與整體生活的滿意度關係進行分析的結果，得知在PISA下實施測驗的分數愈高，或是學生們在學校的相互競爭意識愈強，整體生活的滿意度就愈低。此外，若以統計方法來調整孩子們面對的學習狀況影響，則經濟成長的負面影響會減少一半左右。

這項結果顯示，經濟成長帶來的教育狀況不同，是造成孩子生活滿意度下滑的重要原因。

就像之前的討論所示，經濟成長未必會促成孩子的幸福。

經濟成長確實為孩子帶來許多好處，但為了在這樣的社會中維持豐足的生活，用來學習的時間也得大幅增加，這造成孩子們的幸福度下滑。

這可說是因為國家變富裕而產生的新課題。

而韓國現在正面臨這個課題。韓國自二〇〇〇年後，年平均經濟成長率高達3.8%左右，國家整體變得富裕。但考試的競爭激烈，孩子們必須投注很多時間在學習上[7]。

而這次介紹的論文，是根據全球孩童的數據資料作成，作者蘭德弗教授住在韓國，也許是看了韓國的孩童面對的現狀，才想到要寫這篇論文吧。

歸納

本章介紹了「金錢與幸福」相關的各種研究，將內容要點歸納如下。

①在過去的研究中指出，年收約七萬五千美元（約一千萬日圓），幸福度就會達到頂點，就算年收再繼續增加，幸福度也不會提升。

②但在二〇二三年公開的研究中得知，隨著年收增加，幸福度仍會繼續增加。

③以國家的層級來看，經濟成長與幸福度無關。

④然而，如果看對孩子的影響，會知道經濟成長造成孩子的幸福度下滑。其背後是因為隨著經濟成長，孩子用在學習上的時間增加，就此感到疲乏，因而產生影響。

第二章

出人頭地就能變幸福嗎

工作與幸福的經濟學

高升與幸福度之間不為人知的關係

大家知道《宇宙兄弟》這部漫畫嗎？

這是小山宙哉老師的作品，主角南波六太對上司使出一記頭槌，就此離開公司，後來立志要成為太空人的故事。這部作品描述一名男性上班族成為太空人的成功故事，而且不光只有漫畫，還拍成卡通和電影，是很暢銷的作品，想必有很多人都知道。

在這部作品中，對主角南波六太而言，太空人是「Dream job＝夢想的工作」，雖然很辛苦，但他認為能以太空人的身分工作，就能得到幸福。他的案例是透過工作來實現自我，得到社會上的名聲，可從中看出「工作＝幸福」的關係。

但**像他這種例子可說是少之又少**。

若從現實世界來看，是否真有「工作＝幸福」的這種關係，令人懷疑。

之所以這麼說，也是因為工作往往都很辛苦。過長的工時、微薄的薪水、要求要有很高的成果、與上司及同事之間的職場人際關係、性騷擾和權力騷擾的風險等，少不了這些負面要素。認定一切都是為了錢，而持續工作的人，想必也不少。

就像這樣，實際的工作有不少辛苦的地方，但當中有件事，許多人都將它視為一項開心的大事。

那就是高升。職場內的高升，不光只會伴隨加薪，權限也會擴大。此外，這能成為日後出人頭地的墊腳石，所以許多受雇工作的人，都是以晉升主管為目標。

然而，近年來的調查卻出現相反的結果。**不想當主管的人愈來愈多**。

根據厚生勞動省《平成三十年版　勞動經濟的分析》，非主管的人當中，有61.1%回答「我不想晉升主管」[1]。他們不想高升的理由，有「責任會加重」「業務量會增加，變成長時間工作」等等。

從這個結果來看，研判認為「就算晉升主管，也只是更辛苦而已，不會更幸福」的人可能愈來愈多了。實際情況究竟是怎樣呢？

本章想在工作的環境下，關注晉升主管一事，看看它與幸福度之間有何關係。

「位階愈低的人愈不健康」是真的嗎

先從國外的研究案例看起吧。對於擔任主管的影響展開分析的代表性研究，有「British Whitehall study」。這項研究是以英國倫敦的公務員為對象，大範圍驗證對健康造成影響的主要原因。附帶一提，所謂的「Whitehall」，指的是通過倫敦的中央政府、唐寧街、英國國會所在的西敏堂等地的道路，感覺就像日本的霞關（※日本東京都千代田區的地名，多個日本中央行政機關的總部坐落此地，為日本的行政中樞。）。

這份研究持續對一萬多人展開追蹤調查，活用其豐富的樣本所做的分析結果，對之後的研究帶來很大的影響。從這份研究結果中看健康與工作的關係，得到耐人尋味的分析結果。

從中得知，工作的職位愈低，罹患心血管疾病的風險愈高，會造成死亡率提高或心理健康的惡化[2]。

這結果顯示「職位低＝健康度低」，而換句話說，也意謂著「職位高＝健康度高」的關係。其背後的邏輯如下。

擁有較高的職位，就會有錢，也會比較注意健康（例如，午餐不要吃垃圾食物，吃稍微貴一點無妨，就選擇營養價值高的食物吧）。此外，如果職位高，在職場上的權限也比較大，比較容易控制工作的推動方式。綜合這些因素，都會對健康帶來正面的影響。

「職位高＝健康度高」的結果，簡單易懂，許多人都能接受。但British Whitehall study的研究當中有一點令人擔心。

那就是它調查對象的範圍。

它以倫敦的公務員作為調查對象，漏掉民間企業的勞工，而且調查的地區只在倫敦這樣的大都市，不了解其他地區的情況。以日本為例，如同是只以霞關的官員當分析對象，完全漏掉許多在其他民間企業工作的人們。這不禁讓人覺得，調查的對象範圍過於狹隘。

因此，了解這個課題的研究人員，採用將全國的民間企業也納入調查對象的數據資料，想要驗證擔任主管所帶來的影響。就此實際發表了幾份研究。

這些研究結果非常耐人尋味。因為與British Whitehall study的結果完全相反。

愈健康的人愈能高升，但有礙心理健康

史特靈大學的克里斯多福．博伊斯博士等人，採用包括全英國民間企業員工在內的數據資料所做的分析結果，證明了以下兩點[3]。

第一點，**「原本健康狀態愈好的人，愈能升為主管」**。升為主管，並不能充分看出有改善健康的傾向。

第二點，**「升為主管三年後，心理健康惡化」**。

歸納博伊斯博士等人的研究結果，簡單來說，就是健康狀態愈好的人，愈能高升，但高升後，心理健康會惡化。心理健康惡化，就表示健康狀態不佳，幸福度也沒提升。

這個結果可說是與British Whitehall study完全相反。

附帶一提，儘管是採用英國以外的數據資料所做的研究，也無法確認高升會帶來正面的影響。例如採用澳洲數據資料的蒙納許大學的大衛·約翰斯頓教授等人所做的研究，證明**整體生活的滿意度不受高升影響**[4]。

除此之外，在採用瑞士的數據資料研究所得到的結果，也顯示出會因高升而導致憂鬱症和自我評估的健康度惡化[5]。

如同以上的分析結果所證實，採用包含民間企業在內的數據資料進行分析後，得知升上主管後，會引發健康的惡化，尤其是心理健康的惡化。這些結果顯示擔任主管的負擔沉重，令人感到震驚。

而特別令人在意的，是日本的分析結果。在日本，高升與健康、幸福度的關係究竟又是如何呢？

升上主管，幸福度一樣不會提升

從我針對日本進行的分析中得知以下三個結果[6]。我採用的是慶應義塾大學所進行的《日本家庭收支面板調查》資料。以這份數據資料中的二〇一一～二〇二〇年間的男性約一萬四千人、女性約一萬三千人當分析對象，來分析升上主管與幸福度和健康的關係。此外，分析對象的年齡為退休前的年紀，在五十九歲以下。

第一個得到的結果是**「就算升上主管，幸福度還是沒提升」**。這項結果男女通用，從高升的第一年到高升的三年後，無法確認幸福度有增加的傾向。很遺憾，沒有明確的證據顯示「升上主管會促成幸福」。

第二個結果是男女都是主管，年收增加，但是對所得的滿意度卻沒提升。**年收雖然增加，卻不滿意**。這顯示出，擔任主管所得到的金錢報酬，可能讓人覺得不滿意。

此外，如果是只針對擔任主管的女性，則會出現閒暇時間滿意度與工作滿意度下滑的情形。以女性的情況來說，升上主管後，往往閒暇時間的質量會下滑，或是工作負擔變重，而覺得「好累」。猜測背後是因為女性擔任主管的環境不夠完善，或是家庭與事業難兩全所造成的影響。

第三個結果是女性在升上主管的兩年後，男性在升上主管的一～三年後，自我評估的健康度惡化（圖1）。次頁的圖1顯示的是在1～5這五個階段所評估的健康度，於升上主管後有怎樣的變化。圖中如果是比0小的數值，就表示健康度惡化，而男女在高升後，健康度都變得惡化。

如果是剛高升不久，因為環境變化，會覺得有點疲憊，健康度惡化，不難理解，但這種狀況若是長達數年之久，那就表示主管原本就很忙碌，如果不是以犧牲健康當代價，這樣的職務內容無法持續。這麼一來，就能理解不想擔任主管的人為何會愈來愈多了。

歸納以上的結果，我敢說**「在日本就算升上主管，幸福度一樣不會提升，而且健康狀態會惡化」**。

圖 1 高升前後的自我評估健康度的變化

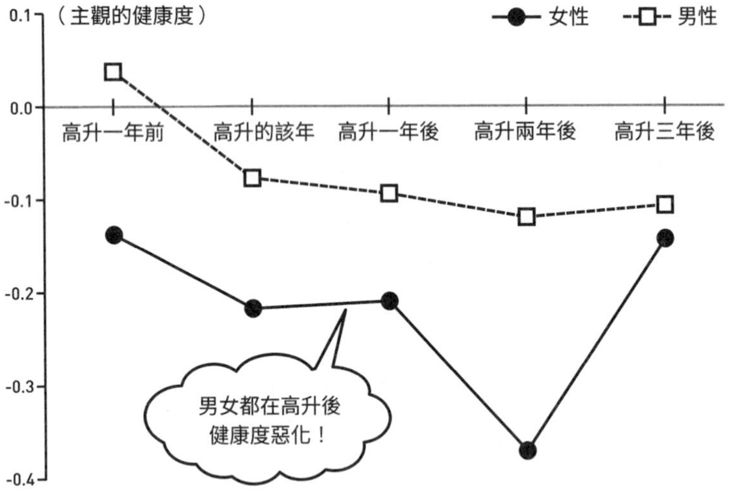

出處：佐藤一磨（2022）〈擔任主管會對主觀的福利和健康帶來怎樣的影響〉，PDRC Discussion Paper Series, DP2022-002。圖中的數值是以高升的兩年前的時間點為基準，顯示出自我評估的健康度（以1到5這五個階段來評估）變化。女性是在高升兩年後，男性是在高升一年後，這數值會成為統計學上有意義的數值。推算方法是採固定效應回歸分析。

為什麼升上主管後，幸福度一樣不會提升呢？原因可能是工作所獲得的報酬與負擔相互抵銷。

如果升上主管，年收確實會增加，而且社會地位也會提升。因為地位提升，也能獲得成就感。此外，如果有家人，還能分享高升的喜悅。

但同時業務量、工時、責任也隨之增加，變得更加痛苦。

除了自己的工作外，還加上管理部下的工作，要做的事不斷增加。此外，近年來要特別注意避免性騷擾、權力騷擾的情形發生，所以會愈來愈耗神。

而且因為工作改革相關法案的施行，強化了加班的上限規定，變得不太容易加班，在這種情況下，主管很可能得自己攬下沒完成的工作。

這也是造成主管負擔加重的原因之一。

就像這樣，當上主管的正面效果和負面效果相互抵銷，幸福度不會提升。這種情況若是一直持續下去，則不分男女，想當主管的人會愈來愈少，這樣一點都不足為奇。

為了因應這些課題，改善主管的工作環境也顯得日漸重要。

首先，我知道這並不容易，但必須檢討減輕業務量和工時的可行性。

另外，也必須增加金錢上的報酬。**「好不容易升上了主管，卻只是變得更辛苦，根本就不划算」**。為了不讓人有這種感覺，必須改善主管的待遇。

如果妻子是主管，丈夫的幸福度會降低

之前我們關注的，是升上主管的人在幸福度和健康度上有怎樣的變化。接下來想看的，是升上主管後，對自己以外的家人，尤其是伴侶，所造成的影響。

日本以主管身分工作的女性比例逐漸增加。以具體的數值來看，民間企業課長級身分的女性，在一九九〇年約占2%，而在二〇一九年上升來到11%左右[7]。

女性主管的增加，預料將會是社會的一種走向，今後也會持續下去，不

過，升上主管會對女性本身或是其家人造成何種影響，這點很少被公開。尤其是妻子擔任主管時，對其配偶的影響，幾乎都沒人提過吧。

以日本的情況來說，性別角色的分工意識強烈，「男性＝工作，女性＝家事、育兒」這樣的價值根深蒂固。要是妻子擔任主管，就不符合這樣的價值觀，所以可能會造成家庭不睦，這樣的實際情況令人在意。

因此，接下來想和大家一起看妻子擔任主管會對丈夫的幸福度造成怎樣的影響。

這項分析所採用的，是先前已使用過的慶應義塾大學《日本家庭收支面板調查》。這項資料是以二〇一一～二〇二〇年間的已婚男女各八千人左右當分析對象，驗證配偶升上主管會對自己的幸福度和健康帶來何種影響。此外，分析對象的年齡，男女都在五十九歲以下。

就實際的分析結果來看，負面影響相當大。妻子為主管時，丈夫的幸福度比別人都來得低。下面我想用圖表來具體說明。這項分析是以0～10這十一個階段來測量幸福度。

圖2以妻子不同的就業狀態，來顯示丈夫的幸福度平均值。在此將妻子的就業狀態分類成①當主管的正職員工、②不是當主管的正職員工、③非正職員工、④沒就業這四種。

從這張圖表中可看出耐人尋味的結果。丈夫在妻子是④沒就業時，幸福度最高，在妻子是①當主管的正職員工時，幸福度最低。

這個結果意謂著**「妻子是主管時，丈夫的幸福度低」**。

附帶一提，就算用統計方法來調整丈夫的年齡、學歷、有無孩子、夫妻各自的年收、工時等因素，這個結果一樣不變。

接著我們來看妻子的幸福度。圖3是依丈夫的就業狀態，來顯示妻子的幸福度平均值。看過後會發現，妻子的幸福度高低依序為丈夫是①當主管的正職員工、②不是當主管的正職員工、③非正職員工、④沒就業。

丈夫如果是主管，妻子的幸福度就高，反之，如果丈夫沒工作，幸福度就低，這個結果就直覺來說也能接受。

尤其是丈夫沒就業的情況，幸福度會相當低落，可以看出妻子擁有一位

圖 2 在妻子不同的就業狀態下，丈夫的幸福度

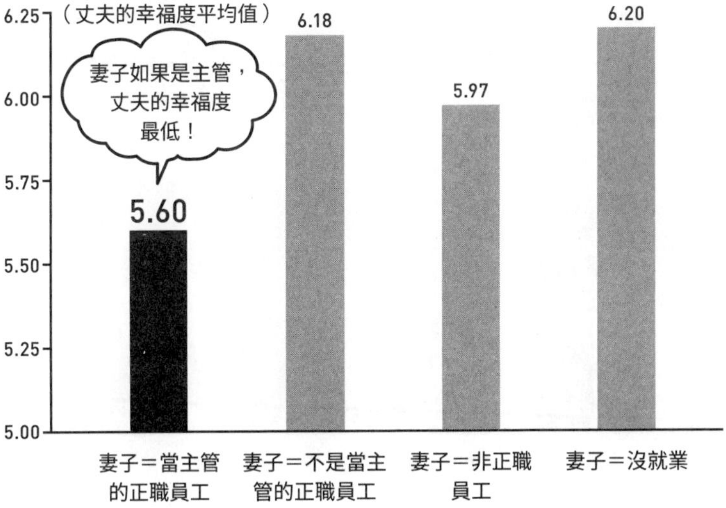

出處：佐藤一磨（2022）〈擔任主管會對主觀的福利和健康帶來怎樣的影響〉，PDRC Discussion Paper Series, DP2022-002。分析對象是五十九歲以下有配偶的男性。幸福度是以0到10這十一個階段來測量，數值愈大，表示幸福度愈高。

圖 3 在丈夫不同的就業狀態下，妻子的幸福度

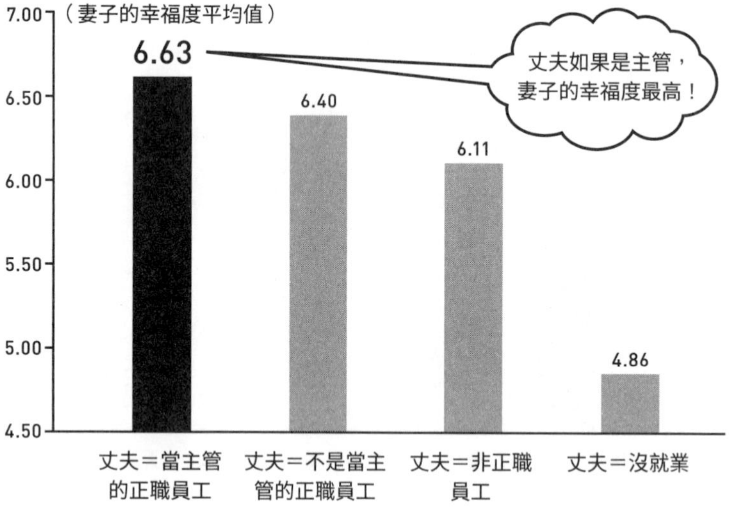

出處：佐藤一磨（2022）〈擔任主管會對主觀的福利和健康帶來怎樣的影響〉，PDRC Discussion Paper Series, DP2022-002。分析對象是五十九歲以下有配偶的男性。幸福度是以0到10這十一個階段來測量，數值愈大，表示幸福度愈高。

「不工作的丈夫」有多苦惱。附帶一提，丈夫沒工作的妻子幸福度特別低的這種現象，在歐美同樣得到證實[8]。這點似乎不分東西，都是令妻子苦惱的原因。

「妻子為主管」的缺點

如同圖2的分析結果所示，妻子擔任主管的丈夫，幸福度偏低。這是為什麼呢？

答案很簡單，因為妻子當主管時的缺點勝過優點。

妻子當主管的優點是家庭年收增加。不光丈夫工作，妻子也工作，而且妻子還擔任主管，會提高家庭年收的水平。像這樣增加家庭年收，想必會讓生活過得更富裕。當然了，丈夫也會獲得這項好處，在購屋或支付孩子的教育費上，都會成為重要的支撐。

另外還想得到一項優點，那就是丈夫所得降低或是失業時會發揮保險的作用。在面對長期低經濟成長的日本，丈夫有可能會無預期地遇上獎金削減或失業風險。因為這些因素而造成家庭所得降低時，擔任主管的妻子賺取的收入能發揮保險的功能。

接下來談到缺點，大致有兩項。第一項是**妻子會因為擔任主管而工時增加，這會影響到家庭，尤其是丈夫**。

通常許多家庭的家事都偏向由妻子負責。如果妻子是在這種狀態下擔任主管，工作時間會增長，可以預見能撥給家事和育兒的時間將會減少。

為了彌補這個問題，丈夫做家事的時間可能會增加。

如果丈夫了解妻子的狀況，主動參與家事和育兒，便不會有問題，但要是丈夫自己工作也很忙，沒有餘力，回到家後又非得幫忙家事和育兒不可，這麼一來，恐怕壓力會愈積愈多。另外，妻子因工作忙碌，夫妻間會意見不合，家庭生活可能會累積許多壓力。

第二項缺點是**違背性別角色分工意識**。與其他先進國相比，日本依然強烈地保有「男性＝工作，女性＝家事、育兒」這樣的價值觀。

「男人應該將工作擺第一，是一家的經濟支柱」的想法也包含在這種價值觀內。近年來因為有重視勞逸平衡的趨勢，「男人將工作擺第一」的想法逐漸淡化，但男女之間的薪資差異依舊存在，在這樣的現狀下，**「男人應該是一家的經濟支柱」**這種想法依然有其影響力。

當丈夫強烈抱持這種想法時，對於妻子擔任主管，將許多時間用在家庭以外的工作上，想必無法給予肯定。此外，如果妻子的收入又比自己還多的話，自己所抱持的價值觀與實際情況之間的落差，想必會讓丈夫備感壓力。這點不容輕忽。

就像這樣，妻子擔任主管，有優點也有缺點，兩者的相對大小，會決定它對幸福度的影響程度。

從圖2的結果來看，妻子擔任主管，缺點大於優點。推測這是因為丈夫要負擔家事、育兒、夫妻之間意見不合的情形增加、違背性別角色分工意識，不過，哪個因素的影響力比較強，無法做出明確的判斷。

不過，就像圖2的結果所示，考量到**「妻子沒上班的丈夫幸福度較高」**這點，性別角色分工意識的影響實在不容輕忽。

夫妻的工作方式對配偶帶來的影響

如同前面的分析結果所示，妻子擔任主管時，丈夫的幸福度會降低。日本推動女性活躍推進法，擔任主管的妻子也慢慢增加，但背後有可能發生丈夫幸福度降低的現象。

像這種夫妻當中某一方的工作方式對配偶造成的影響，主要是在歐美進行分析。

歐美關注的是夫妻其中一方失業造成的影響。在這項分析的背後存在著一種問題意識，他們認為失業的影響當然對經歷它的當事人來說相當嚴重，但也可能會影響家人，如果漏看這樣的影響，就有可能低估失業所帶來的影響。

同樣的討論，也有可能套用在女性活躍推進法所促成的女性主管增加的情形上。

是否過度推動女性活躍推進法，而漏看這樣的負面呢？

不過，雖然丈夫的幸福度會降低，但若因此而停下女性活躍推進法前進的腳步，也很沒道理。女性活躍推進法是今後日本必要的政策，重要的是得一邊因應各種課題，一邊往前邁進。

為此，真正需要的，是施行勞逸平衡的政策，就算妻子擔任主管，也不會對家人造成影響。除此之外，丈夫的性別角色分工意識也必須更新才行。

女性活躍推進法讓男性變得不幸嗎？

我想深入探討女性活躍推進法這個課題。在這裡想關注的是女性活躍推進法對男性的影響。

日本在二〇一六年四月施行了「女性活躍推進法」。這項法律是對國家、地方公共團體、勞工人數達三百零一人以上（二〇二二年起改為一百零一人以上）的業主賦予義務，要策劃及公開能讓女性有活躍表現的行動計畫。鎖定的目標是解決勞力不足以及男女之間的差別，促進女性能進一步投入社會。

在這項法律下，賦予這些單位義務，要他們掌握及公開女性在主管中所占的比例。而在這項法令下，會要求實施「積極提供女性受雇、升遷的機會，並加以活用」，所以實施對象的企業、國家、自治團體，女性主管就此增加。

在此令人在意的有兩件事。

一是女性主管的比例會因為女性活躍推進法而增加到什麼程度？

其實女性活躍推進法是為期十年的限時法，所以確認其推展狀況很重要。如果女性主管增加，固然不錯，但要是女性主管完全沒增加，就必須重新評估這項制度。施行這項法令後，女性主管的比例真的會順利增加嗎？

二是女性活躍推進法對男性的影響。主管的位子數量有限，所以只要女性數量增加，男性的數量勢必會減少。換言之，女性活躍推進法施行後，非主管的男性高升的機會可能會受限。

這恐怕會造成男性加薪及高升的時間往後延，甚至就此失去高升的機會，可以預見，這對非主管的男性來說具有負面的影響。此外，考量到日本強烈的性別角色分工意識，男性被要求得是家中經濟的重要支柱，所以一旦高升的機會降低，便會對男性帶來沉重的心理負擔。

考量到以上幾點，女性活躍推進法的施行應該會造成非主管的男性滿意度惡化，尤其是工作滿意度。這點令人在意。

以下我想回答這兩個疑問。

只有大企業增加女性主管

我們先從女性主管的比例是否增加的這個疑問來開始驗證吧。

圖4是採用厚生勞動省的《薪資結構基本統計調查》，來看民間企業的女性主管比例。女性活躍推進法在二〇一六年施行時，以員工三百零一人以上的企業為對象，所以在此試著以企業的規模來區分女性主管的比例。而且因為數據資料的緣故，以員工人數多於五百人、少於五百人來加以分類。

圖 4 女性主管比例的變遷

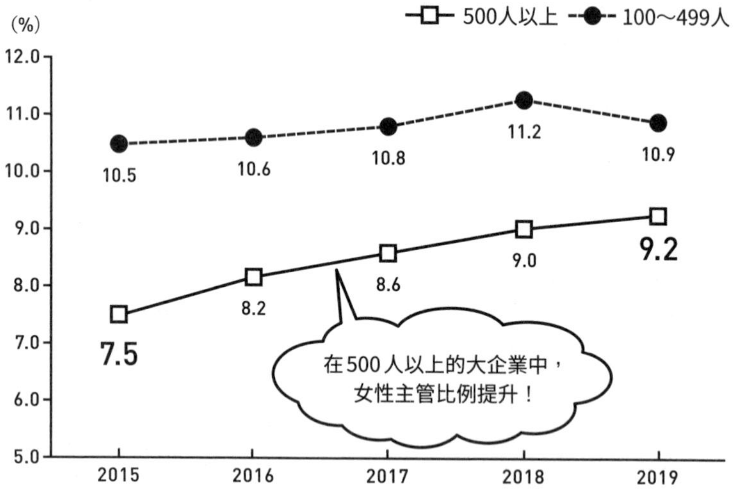

出處：厚生勞動省《薪資結構基本統計調查》。在《薪資結構基本統計調查》中，企業規模的分類為「100-499人」、「500-999人」、「1000人以上」，所以在此分成「100-499人」與「500人以上」這兩個區塊。

從這張圖中得知，在女性活躍推進法適用的企業裡，女性主管的比例緩緩增加。在五百人以上的企業中，女性主管的比例在二〇一五年為7.5%，但在二〇一九年則微增至9.2%。增加幅度為1.7%。

相對於此，非女性活躍推進法適用對象的，大多是員工數未達五百人的企業，這些企業裡的女性主管所占的比例幾乎沒任何變化。

看到這樣的結果，我們可以說，**女性活躍推進法就只是造成女性主管的比例「略微」增加**。

從圖4的情況可以說，在女性活躍推進法適用的企業裡，女性主管的比例略微增加，不過，在適用的企業中，有員工超過一千人的大企業，也有中型規模的企業。在這些企業裡，就算對這項法令的對應方式不同，也不足為奇。尤其是大企業，因為會受到社會大眾的關注，所以可能會比較認真投入解決女性主管的問題。

因此，圖5試著將五百人以上的企業分成五百~九百九十九人與一千人以上這兩種。看過之後得知，女性活躍推進法施行後，女性主管的比例增加的，

圖 5 不同企業規模下的女性主管比例變遷

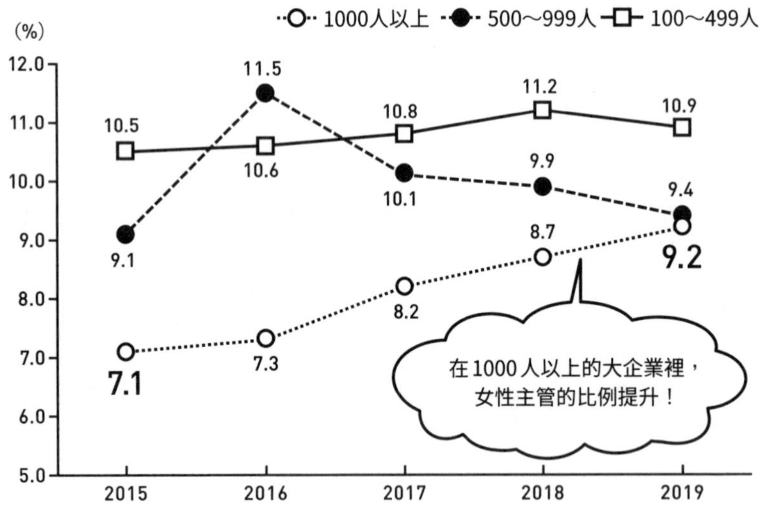

出處：厚生勞動省《薪資結構基本統計調查》。

是一千人以上的大企業。

在一千人以上的企業裡，女性主管的比例在二〇一五年是7.1%，但在二〇一九年提升為9.2%，這段時間增加了2.1%。相對於此，在五百～九百九十九人的企業裡，女性主管比例在這段時間只增加了0.3%。

看到這些結果，我可以說，**因女性活躍推進法而增加女性主管比例的，只有大企業，其他企業幾乎沒影響**。

男性的工作滿意度因女性活躍推進法而降低

接下來想看的是女性活躍推進法對男性的影響。從結論來說，**因為女性活躍推進法的施行，男性的工作滿意度降低**[9]。

圖6顯示女性活躍推進法施行前後，非主管的男性正職員工工作滿意度的變遷。看了這張圖會發現，女性活躍推進法適用的三百零一人以上的企業以及在政府機關工作的男性，其工作滿意度從二〇一六年開始大幅下降。相對於

圖 6 不是當主管的正職員工男性工作滿意度的變遷

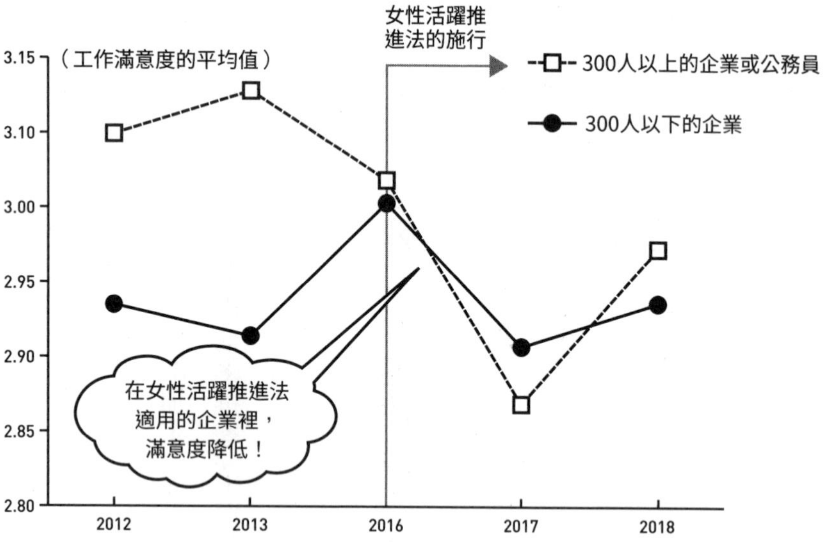

出處：佐藤一磨、影山純二（2023）〈女性活躍推進法對非主管的男性的主觀福利造成怎樣的影響〉，日本人口學會第75屆大會（南山大學，2023年6月10日發表）。表中的數值顯示的是以數字1到5來測量非主管的男性正職員工工作滿意度，其平均值的變遷。

此，在不滿三百人的企業裡工作的男性，其工作滿意度沒什麼大變化，不受這項法令的影響。

附帶一提，就算採統計方法，去除年齡、學歷、家庭年收等各種要素的影響，身為女性活躍推進法適用對象的男性，其工作滿意度降低的傾向一樣看不出有什麼變化。此外，若是對企業規模進一步細分可以得知，男性工作滿意度降低的情形，在一千人以上的大企業尤為顯著。看來，愈是在女性主管增加較多的企業裡工作的男性，其高升的機會愈受限，工作滿意度也愈低。

若以男性的觀點來看這個結果，或許會換來一句「太不像話了！」。因為失去過去擁有的東西，不滿一再累積。不過，話雖如此，要恢復成日本昔日的樣貌，想必也有困難吧。

如果企業和政府機關的主管都是由男性占據，則女性的薪資不會成長，男女間的薪資差距還是不會改變。男女之間若存在著薪資差距，則在生產、育兒時，這方面的工作都偏向由薪資相對較低的女性來承擔，就此成為合理的理由。

夫妻之間在討論產後增加的家事、育兒等工作，要由誰來負擔時，如果是由薪資較低，不太會造成家庭所得減少的一方來負擔的話，往往都會由女性來負擔對吧。

就像這樣，夫妻一起合理思考後的結果，往往都是由女性來負擔，為了今後不讓這種情況再延續下去，推動女性活躍推進法顯得格外重要。

歸納

本章介紹了「工作與幸福」相關的各種研究，內容要點歸納如下。

① 在日本就算升上主管，幸福度一樣不會提升。這是因為工作得到的報酬與負擔互相抵銷。

② 妻子如果是主管，丈夫的幸福度低，而妻子如果是家庭主婦，丈夫的幸福度高。對日本的男性來說，比起「工作充滿幹勁的妻子」，「在家等候丈夫回家的妻子」更能提高幸福度。

③丈夫如果是主管，妻子的幸福度高，反之，丈夫如果不工作，則妻子的幸福度低。

④因為施行女性活躍推進法，使得男性的工作滿意度降低。其背後是因為施行該法令，使得男性高升的機會受限，而產生影響。

第三章

結婚後能得到幸福嗎

結婚與幸福的經濟學

被施了魔法

《曼哈頓奇緣（※日文版的譯名為「魔法にかけられて」，意思是「被施了魔法」。）》（二〇〇七年）這部迪士尼的作品，是我很喜歡的電影之一。電影的內容大綱如下。

住在童話王國安達拉西亞的吉賽兒，在與愛德華王子成婚這天，被王子的繼母——魔女娜麗莎放逐到現代的紐約。吉賽兒在紐約受律師羅伯的幫助，兩人漸漸被彼此吸引。最後吉賽兒打倒邪惡的魔女娜麗莎，與羅伯和他女兒摩根一起留在紐約，過著幸福的日子……

電影裡有一幕場景，吉賽兒說**「結婚後，我們兩人要永遠一起幸福地生活」**。這句話在公主的故事最後出現，聽了之後莫名讓人感到放心。我不敢說吉賽兒也是這麼想，但可能是因為我們心裡都認為「結婚＝幸福」吧。

然而，實際情況又是如何呢。

或許確實會因為結婚而得到幸福，但這樣的幸福又會持續多久呢？如果是二十多歲剛結婚不久的夫妻還另當別論，但五十多歲的夫妻仍同樣會因為結婚而提高幸福度嗎？此外，因為結婚對象是怎樣的人，而使得結婚造成的幸福程度有所不同，這一點都不奇怪。舉例來說，如果因為結婚對象是高學歷、高所得，自己就算不工作也無妨時，就有可能真切感受到幸福。而也會因為夫妻的感情關係，使得結婚從幸福變成不幸。

就像這樣，結婚與幸福的關係有太多的疑問。

因此，本章想利用數據資料，來針對結婚與幸福度的關係重新展開思考。

首先，就讓我們來看看結婚與幸福度的關係吧。

圖1顯示的是已婚男性、已婚女性、單身男性、單身女性的幸福度平均值[1]。此外，分析對象是二十～八十九歲的男女，以1～5這五個階段來測量幸福度。

從這張圖可以明確地看出，幸福度最高的是已婚女性，幸福度第二高的是

圖 1 不同配偶狀態下的幸福度平均值

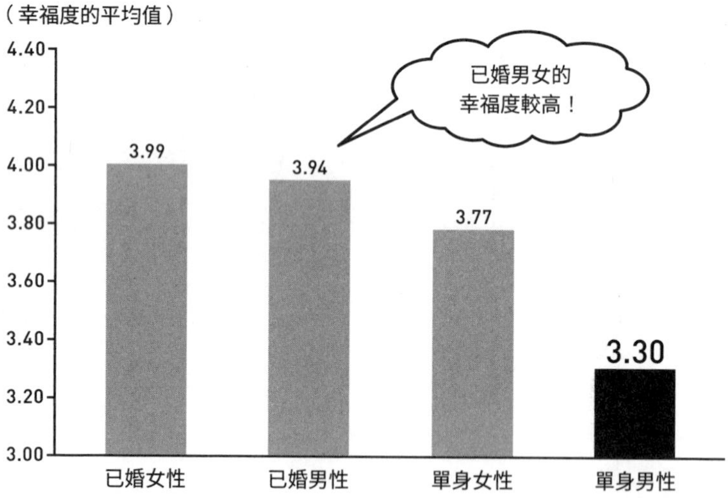

出處：佐藤一磨（2023）〈有無孩子造成的幸福度差異，在2000～2018年擴大了嗎〉，PDRC Discussion Paper Series, DP2022-006。

已婚男性。可以說已婚人士的幸福度比較高。相對於此，幸福度最低的是單身男性，低落的程度相當明顯。

接下來的圖2，看的是二〇〇〇～二〇一八年間，不同年度的幸福度平均值。看了這張圖會發現，幸福度的高低順序大致沒變。幸福度最高的是已婚女性，幸福度最低的是單身男性。

圖3看的是不同年齡下的幸福度平均值。其實依照不同年齡來看幸福度時，會呈現U字型傾向。具體來說，低年齡層與高年齡層的幸福度會比較高。關於詳細情形，會在第八章加以說明，圖3的每一種情況都是呈和緩的U字型。關於幸福度的高低順序，幾乎都和之前的圖表一樣。幸福度最高的是已婚女性，幸福度最低的是單身男性。

歸納以上結果，我們可以說**已婚男女的幸福度較高，「結婚＝幸福」的關係成立**。結婚與幸福似乎有很密切的關係。

圖 2 不同年度、不同配偶狀態下的幸福度平均值

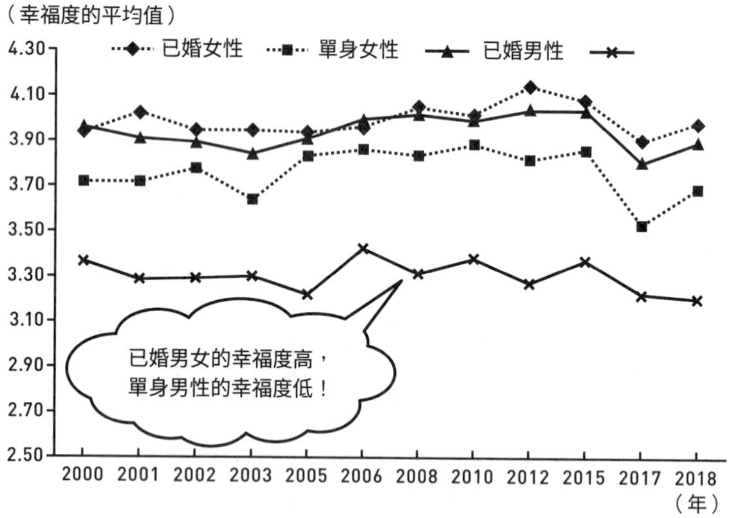

出處：佐藤一磨（2023）〈有無孩子造成的幸福度差異，在2000～2018年擴大了嗎〉，PDRC Discussion Paper Series, DP2022-006。

圖 3 不同年齡、不同配偶狀態下的幸福度平均值

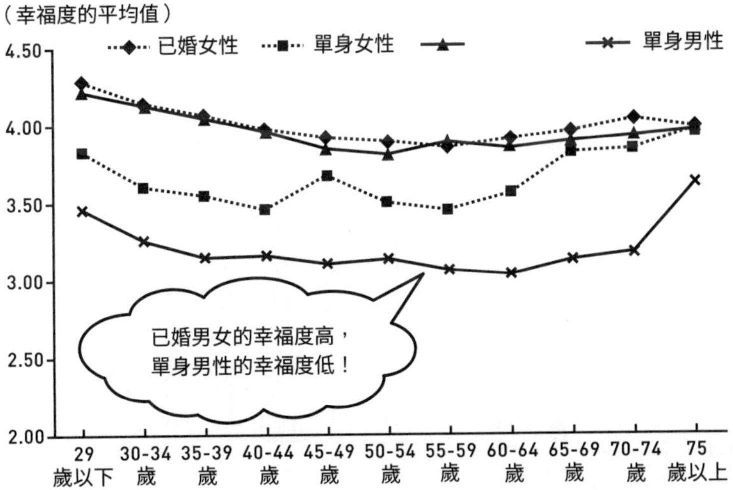

出處：佐藤一磨（2023）〈有無孩子造成的幸福度差異，在2000～2018年擴大了嗎〉，PDRC Discussion Paper Series, DP2022-006。

單身男性的幸福度最低的原因

不過，看了這些圖，最令人感到在意的是單身男性的幸福度很低。就算從各種不同的觀點來看，單身男性的幸福度都一樣最低。

這可以想到各種原因，不過，單身男性不穩定的受雇形態是最主要的原因之一。根據中京大學松田茂樹教授的分析，以已婚男性的情況來說，88.1%是正職受雇者，但以單身男性的情況來說，則是有62.7%為正職受雇者[2]。此外，在單身男性中，非正職受雇者有17.9%、自營業有9.1%、無業有10.3%，有相當高的比例是不穩定的受雇形態。

失業或低所得水準，對男性的幸福度造成的負面影響也比對女性來得高，所以不穩定的受雇形態比例相對較高的單身男性，幸福度自然也會比較低。尤其是像日本這種要求男性得負責賺錢的社會，負面的影響又會更強。

附帶一提，也有研究指出，在非正職受雇的工作方式下，從婚前的戀愛階段開始，就已處在不利的條件下。根據神戶大學的研究員佐佐木昇一的分析得知，以非正職受雇的身分工作，所得水準相對較低，會造成目前有女朋友的機率降低[3]。此外，以非正職受雇的身分工作時，也會有結婚意願低落的傾向。

日本現在依舊要求男性要有「賺錢的能力」。如果是非正職受雇的男性，這項能力相對較弱，會成為與人交往或結婚的障礙。

此外，從二〇一〇～二〇二〇年的男性非正職受雇動向來看，二十五～三十四歲的非正職受雇的勞工人數，反映出勞動力不足的現象，呈現緩緩下滑。但三十五～四十四歲的非正職受雇勞工人數下滑的幅度則比較小，四十五～五十四歲的非正職受雇勞工人數則是緩緩增加。

其背後應該是受到就職冰河期的影響吧。可能是剛從學校畢業時遇上就職冰河期，而被迫得以非正職的身分工作的世代，已來到中年層，就此以非正職受雇勞工的身分在職場工作。可以預見，這造成了男性單身的比例上升，以及出生人數降低。

結婚的對象是怎樣的人，幸福度會比較高？

好了，把話題拉回結婚與幸福的關係吧。從前面的結果來看，似乎有「結婚＝幸福」這樣的關係，但是否所有幸福的程度都一樣呢，應該不是。結婚的對象是怎樣的人，幸福的程度會隨之產生變化，就算這樣說也一點都不奇怪。

因此，我想從三個觀點來看幸福度會隨著結婚對象的不同而有什麼差異。

第一個觀點，是隨著夫妻各自的學歷不同，幸福度會有什麼變化。在日本，抱持「丈夫的學歷大多比妻子高，或是學歷一樣」這種印象的人可能不少，但其實近年來這個傾向起了耐人尋味的變化。我們就來看看夫妻的學歷組合與幸福度的關係。

第二個觀點，是夫妻年齡差距會對幸福度帶來什麼變化。世上有不少年齡差距相當大的夫妻，偶爾在演藝界也會看到這種情形。像這種夫妻的幸福度，與年紀相近的夫妻相比，究竟是比較高，還是比較低呢？以我們身邊的案例來說，確實令人好奇。

第三個觀點，是就女性來看，丈夫如果是長男，幸福度會有什麼變化。人們常說「如果與長男結婚，與婆家的關係會很辛苦，所以最好還是別嫁長男」，但我想從幸福度的觀點來加以驗證。是否也能從數據資料來確認「嫁給長男會很辛苦」這個觀點呢？

接下來想針對以上三點，仔細看看究竟是怎樣的情況。

「妻子學歷較高的夫妻」正不斷增加中

首先來看夫妻各自的學歷與幸福度的關係。

夫妻各自的學歷與年收的高低有關聯，所以自然也會對幸福度造成影響。因此，「何種學歷組合的夫妻比較多」以及「何種學歷組合的夫妻比較幸福」，令人好奇。

接下來我想針對夫妻的學歷組合，以及它對幸福度的影響，來一探究竟。

其實近年來，夫妻的學歷組合起了全球性的變化，產生一種新的趨勢。就先從這點來看吧。

次頁的圖4顯示的是ＯＥＣＤ（經濟合作暨發展組織）各國三十歲以下男女的大學畢業率。

這張圖表示**「ＯＥＣＤ各國的大部分國家，女性的大學畢業率都高於男性」**。

以往大學的就讀及畢業的比例，都以男性較高，但從一九九〇年代開始，女性的大學升學率提高，現在許多國家的女性，大學畢業率都高過男性。男女的大學畢業率逆轉，在歷史上算是首見，在許多國家也都引發關注。

男女的大學畢業率逆轉，也影響了家庭的存在方式。當中最令人感興趣的，就是「夫妻的學歷組合」變化。其實現在**女性高學歷者的比例增加，「妻子學歷比丈夫高的夫妻」，在ＯＥＣＤ各國裡逐漸增加**。相對的，「丈夫學歷比妻子高的夫妻」則有減少的趨勢[4]。

這種變化是前所未見的趨勢，夫妻的存在方式可說已來到歷史性的轉捩點上。

圖 4 OECD 各國的男女大學畢業率

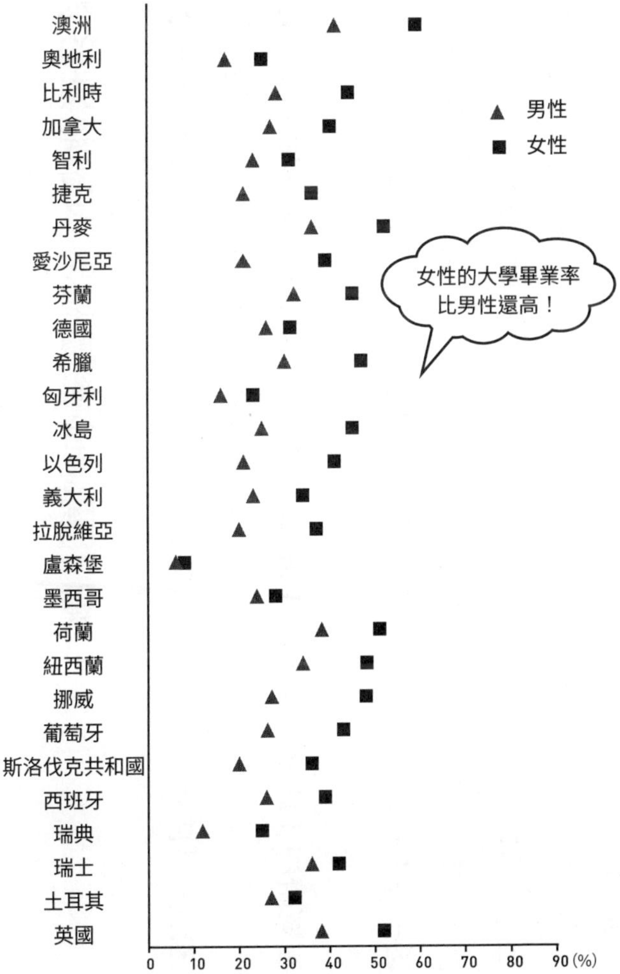

出處：本圖表是以安藤史江編著的《正要改變的組織　逐漸改變的職業婦女們》（晃洋書房）中的「第 2 章　學歷比丈夫高的妻子幸福嗎」，佐藤一磨著（2020）圖2-1（p17）進行部分修正後轉載。數據資料是從OECD Stat取得。此外，圖表中的數值顯示的是2018年各國30歲以下的大學畢業率。這裡的大學，指的是相當於ISCED2011 level6的教育水準。

日本的夫妻最多的學歷組合是哪一種

ＯＥＣＤ各國，在女性逐漸高學歷的情況下，「妻子學歷比丈夫高的夫妻」愈來愈多，而日本的現狀又是如何呢？

以結論來說，其實**在日本，「妻子的學歷比丈夫高的夫妻」正在逐漸增加中**。

根據國立社會保障、人口問題研究所的福田節也的分析，日本「妻子的學歷比丈夫高的夫妻」的比例，在一九八〇年約占全體的12%左右，但在一九九〇年為16.1%、二〇〇〇年為16.2%，而到了二〇一〇年，已來到21%[5]。日本的這種動向，可說是與世界的趨勢一致。

「妻子的學歷比丈夫高的夫妻」增加，是日本的一種新動向，而這種實際情況很耐人尋味。這裡比較令人在意的，是「妻子的學歷比丈夫高的夫妻」會是怎樣的夫妻呢？

一般人的印象，總覺得高學歷的妻子都工作充滿幹勁，而丈夫則是在背後支持，但實際情況又是如何呢？

在前面提到的福田節也等人的研究中，顯示出夫妻學歷組合的詳細內容。從結果來看，在二〇〇〇年和二〇一〇年，「妻子專業學校、短大畢業&丈夫高中畢業」的比例占50%以上。對此，「大學畢業的妻子&高中畢業、專業學校畢業、短大畢業的丈夫」的組合也逐漸增加，但比例還是不高。

從這個結果來看，如果是「妻子的學歷比丈夫高的夫妻」時，假想成是「妻子專業學校、短大畢業&丈夫高中畢業」這種組合，似乎會比較接近實際情況。總結來說，**「學歷只比丈夫高一些的妻子」與「學歷只比妻子低一些的丈夫」很契合**。這點令人有點意外。

「妻子高學歷」，則家庭年收較低

接下來想看的，是夫妻的學歷組合與幸福度的關係。在此除了幸福度之外，也會一併觀察夫妻對整體生活的滿意度（生活滿意度），以及對夫妻關係的滿意度。每個都是以1～5這五個階段來測量，因為數據資料的緣故，只分析妻子的數值。

圖5是其分析結果[6]。在這張圖中，數值愈大，表示各種滿意度愈高，但不論哪個指標，都以「妻子的學歷比丈夫高的夫妻」的數值最低。這個結果意謂著，在學歷組合中，「妻子的學歷比丈夫高的夫妻」當中妻子的幸福度、生活滿意度、夫妻關係滿意度都是最低的。

為什麼會發生這種事呢？說白了，背後是因為「錢」的關係。圖6顯示出不同的夫妻學歷組合下的平均年收。

我們先來看妻子的年收，「妻子的學歷比丈夫高的夫妻」中的妻子，年收最高。但與其他組合相比，倒也差距不大。

相對的，要是看丈夫的年收會發現，「妻子的學歷比丈夫高的夫妻」所得到的數值最低。丈夫的年收之所以會這麼低，其背後是因為丈夫的學歷結構比例的差異。

圖 5 不同學歷下，妻子的幸福度、生活滿意度、夫妻關係滿意度

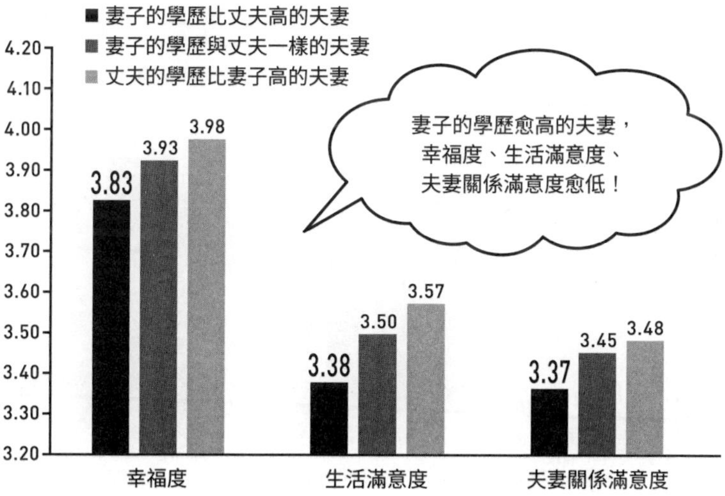

出處：本圖表是以安藤史江編著的《正要改變的組織　逐漸改變的職業婦女們》（晃洋書房）中的「第 2 章　學歷比丈夫高的妻子幸福嗎」，佐藤一磨著（2020）圖 2-4（p27）進行部分修正後轉載。分析對象是已婚女性與其配偶，圖表的數值顯示的是平均值。

圖 6 不同學歷下的妻子年收、丈夫年收、家庭年收的平均值

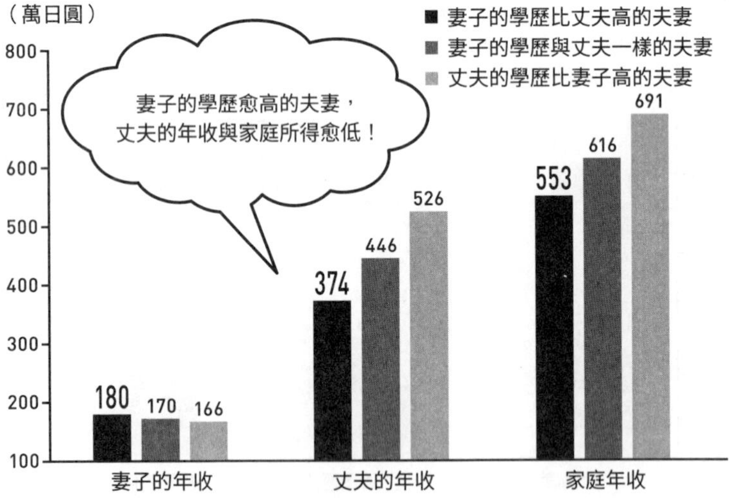

出處：本圖表是以安藤史江編著的《正要改變的組織　逐漸改變的職業婦女們》（晃洋書房）中的「第 2 章　學歷比丈夫高的妻子幸福嗎」，佐藤一磨著（2020）圖 2-3（p24）進行部分修正後轉載。分析對象是已婚女性與其配偶，圖表的年收指的是一整年的工作所得。無業的年收為 0。

如果是「妻子的學歷比丈夫高的夫妻」，丈夫的學歷往往偏低。舉例來說，如果妻子是大學畢業，則丈夫便是專業學校、短大畢業、高中畢業，或是高中肄業。另外，如果妻子是專業學校、短大畢業，則丈夫便應該是高中畢業或高中肄業。就像這樣，丈夫的學歷會相對較低，大學畢業的比例偏低。**學歷與平均年收有連動關係，所以在「妻子的學歷比丈夫高的夫妻」下，丈夫的年收會偏低**。

接著來看家庭年收，會發現「妻子的學歷比丈夫高的夫妻」數值最低。這直接反映了身為一家經濟支柱的丈夫年收的差異。

附帶一提，如果看夫妻學歷的組合與妻子一天花在做家事、育兒的時間上的關係，會發現「妻子的學歷比丈夫高的夫妻」組成的家庭，與其他家庭幾乎沒什麼差異。

不論是哪種夫妻的組合，妻子對於一天的家事、育兒，都得負擔七成以上，可以說這樣的負擔過於沉重。

整理以上的內容後得知，「妻子的學歷比丈夫高的夫妻」，其家庭所得相對較低。而妻子在家事、育兒上的負擔，也和其他的組合一樣沉重。

偏低的家庭所得，以及和其他人一樣的家事、育兒的負擔，降低了「妻子的學歷比丈夫高的夫妻」的幸福度。

和比自己年輕的對象結婚，比較幸福

接下來想看的，是夫妻間的年齡差距與幸福度的關係。

世上有各式各樣的夫妻，但在日常生活中偶爾會看到年紀相差很大的夫妻。看到這樣的夫妻，腦中會很自然地浮現一個疑問，而好奇「年紀相近的夫妻，與年紀相差很大的夫妻，何者的結婚生活比較幸福呢」。

因此，接下來我想探討夫妻的年齡差距與幸福度的關係。在此所介紹的研究，採用的是澳洲的數據資料，結果相當耐人尋味，也可供日本人參考。

對夫妻年齡差距與結婚生活滿意度的關係展開驗證的，是蒙納許大學的李旺盛副教授與科羅拉多大學博爾德分校的泰拉．麥金尼什教授的研究[7]。

在他們的研究下，以合計約一萬八千組的澳洲人夫妻為對象，驗證了夫妻間的年齡差距會對結婚對象的滿意度帶來怎樣的變化。此外，作為分析對象的夫妻為二十~五十五歲。

他們首先分析的是「同年齡的夫妻與年紀差距大的夫妻，何者的夫妻關係滿意度較高」。

分別對男女進行分析的結果得知，男性與年輕女性結婚，夫妻關係滿意度較高，相反的，男性與年長的女性結婚，夫妻關係滿意度較低。

以男性的情況來看，還是會有希望結婚對象「年輕」的一面，如果能和比自己年輕的女性結婚，結婚生活的滿意度就會提高。這種傾向在日本應該也一樣。

接著來看女性的分析，得到很耐人尋味的結果。

女性同樣也是和年輕的男性結婚，夫妻關係滿意度會比較高，相反的，如果和比自己年長的男性結婚，夫妻關係滿意度則較低。

這結果很令人吃驚。因為過去在許多國家，往往都有女性與年紀比自己稍大的男性結婚的傾向，因為年紀較大的男性相對經濟能力較好，結婚的優勢比較高。

但如果是這種組合，女性對結婚生活的滿意度卻相對較低。

這能想到各種理由，其中一個理由，是因為女性走進社會，與年長的男性結婚的優點就此降低。當女性走進社會的情形愈來愈普遍，男女間的薪資差距縮小時，女性為了尋求經濟能力而和年長的男性結婚的理由便會就此消失。

相較之下，包含年輕的要素在內，女性與自己喜歡的對象結婚，會對夫妻生活更加滿意。

與年紀較小的對象結婚的優點，十年就會消失

這就是為什麼男女一樣都是和比自己年輕的人結婚，夫妻關係滿意度會比較高的原因，但婚後過了很長的時間，這份滿意度是否還能維持呢？

若從分析結果來看，答案是「ＮＯ」。

男女都一樣，和年紀較小的對象結婚所得到的滿意度優點，會慢慢消失。當結婚滿十年後，初期夫妻關係能保持高滿意度的優點，會幾乎消失殆盡。

關於其背後原因，李旺盛副教授和泰拉．麥金尼什教授沒進一步分析，但可能是隨著結婚的時間拉長，對另一半所要求的「年輕」會逐漸消失，對結婚生活的滿意度也跟著降低。

隨著結婚的時間拉長，夫妻關係的滿意度降低，這在日本也是很常見的現象[8]，不過，如果是與年輕的對象結婚，其減少的幅度會特別大，這種傾向很耐人尋味。

在日本，與年長的男性結婚的女性減少

如同前面所見，在澳洲如果是和比自己年輕的對象結婚，在剛結婚時會有夫妻關係滿意度很高的傾向。但隨著結婚的時間拉長，夫妻關係滿意度便會逐漸降低，等過了十年，結婚初期感到滿意的優點便會消失。尤其是年紀差距大

圖 7 初婚夫妻年紀差距的變遷

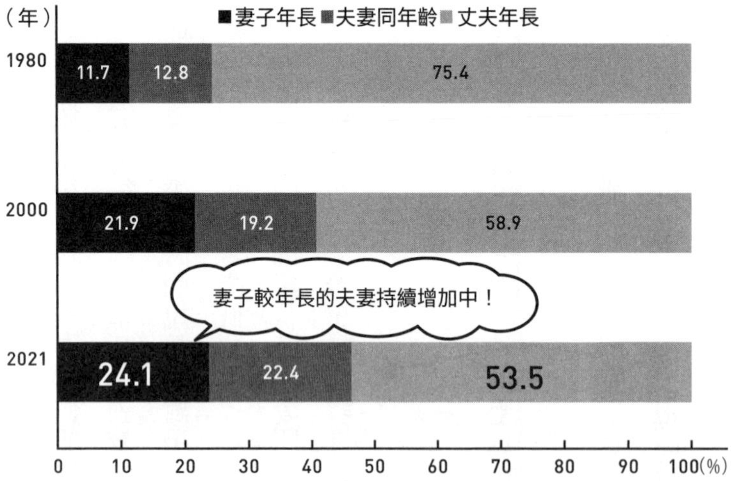

出處：厚生勞動省《人口動態統計》。

表 1 初婚夫妻詳細年紀差距的變遷

		1980年	2000年	2021年
妻子年長	4歲以上	2.0%	4.7%	5.9%
	3歲	1.4%	2.9%	3.1%
	2歲	2.6%	4.8%	4.9%
	1歲	5.7%	9.4%	10.2%
夫妻同年齡		12.8%	19.2%	22.4%
丈夫年長	1歲	12.7%	14.5%	14.0%
	2歲	12.6%	11.1%	9.3%
	3歲	12.2%	8.7%	7.2%
	4歲	10.9%	6.7%	5.6%
	5歲	9.0%	5.0%	4.2%
	6歲	6.7%	3.6%	3.2%
	7歲以上	11.4%	9.3%	10.1%

出處：厚生勞動省《人口動態統計》。

的夫妻，大概只有一開始的十年會覺得幸福。

很遺憾，日本沒針對這點進行研究，若從日本夫妻的年紀差距變遷來看，可以看出很耐人尋味的傾向。圖7顯示一九八〇年、二〇〇〇年、二〇二一年初婚夫妻的年紀差距，從圖中可以看出以下兩點。

第一點是丈夫年紀較大的比例，有持續減少的傾向。第二點是同年齡的夫妻以及妻子年紀較長的比例持續增加，在二〇二一年，妻子較年長的夫妻已多過同年齡的夫妻。

現在妻子較年長的情形已屢見不鮮。

右頁的表1可更詳細地看出初婚夫妻的年紀差距構成比例。看二〇二一年的數值會發現，占比最大的是夫妻同年齡的情況，占比第二大的，是丈夫大一歲的情況，而占比第三大的，是妻子大一歲的情況。這三者合計後，占了46.6%，約占去整體的一半。

以這個結果和圖7的結果綜合來看，我們可以說，**與年紀大的男性結婚的情形減少，相對的，年齡層相近的男女結婚的情形增加。**

日本有年齡層相近的夫妻逐漸增加的趨勢，這是很耐人尋味的動向。因為這可能也在夫妻的年紀差距上反映出對性別角色分工的想法。

在李旺盛副教授與泰拉·麥金尼什教授的研究下，對於性別角色分工的想法會因為夫妻的年紀差距而有怎樣的不同，展開了驗證。看到驗證的結果，**發現丈夫的年紀大妻子四歲以上的夫妻，抱持「男性負責工作，女性負責家事、育兒」這種想法的比例愈高，而同年齡的夫妻，這樣的比例愈低。**

考量到李旺盛副教授等人的分析，日本女性與年紀大的男性結婚的比例減少，以及年齡層相近的夫妻增加，這可能暗示著「男性負責工作，女性負責家事、育兒」的這種性別角色分工意識產生了變化。

不過，與外國相比，日本的性別角色分工意識依舊很強烈，有人指出，這是阻礙女性就業和生產、育兒的主要因素。因此，今後需要更進一步消除性別角色分工意識。

若要測量這種意識消除到什麼程度，或許可活用夫妻的年紀差距來當作指標之一。

「長男的媳婦」幸福度低？

接著想看的是和長男結婚與妻子的幸福之間的關係。

從女性的觀點來看，和長男結婚是很令人在意的話題。因為日本自古以來就流傳著**「和長男結婚很辛苦」**的說法。

其背後存在著從戰前便一直延續的「重視長男」傾向。

父母認為長男是家中的繼承人，會展開各種投資，特別重視，細心養育。而在長男成年後，會要求他照顧年邁的父母，存在著這樣的構圖。

在這幅構圖中，會將和長男結婚的女性也一併納入，對公婆進行各種照顧。如果與公婆關係好，就沒有問題，但要是關係不睦，女性就會吃盡苦頭。而實際上，各種媒體都會提到女性深受自己與公婆的關係所苦惱。

想到這點，便會對與長男結婚是否會幸福產生疑問。此外，現在年號已邁入令和，「重視長男」的傾向應該已不像以前那麼強烈，所以與長男結婚的影響可能也有了變化。

而實際情況究竟是怎樣呢。以下想根據我實際進行的分析，以和長男結婚的女性幸福度與其他情況（和非長男結婚）比較，來證明其幸福度究竟是高還是低。

圖8顯示的是丈夫為長男的情況，以及與公婆同住的情況，妻子的幸福度變化[9]。圖中妻子的幸福度以1～5這五個階段來測量，並對丈夫及妻子的學歷、就業狀態等個人屬性的影響加以調整。

從這張圖看得出來，當丈夫是長男時，妻子的幸福度會降低。不過，影響還不算大。反而是與公婆同住的負面影響比較強烈，是丈夫為長男的情況之2.4倍大。

從這樣的結果來看，我們可以說，比起「丈夫是不是長男」，「與公婆同住」對妻子的幸福影響更大。

不過，丈夫是不是長男這點，與和公婆同住有關。在分析的數據資料

圖 8　「丈夫是長男的情況」與「和公婆同住的情況」，妻子的幸福度降低的幅度

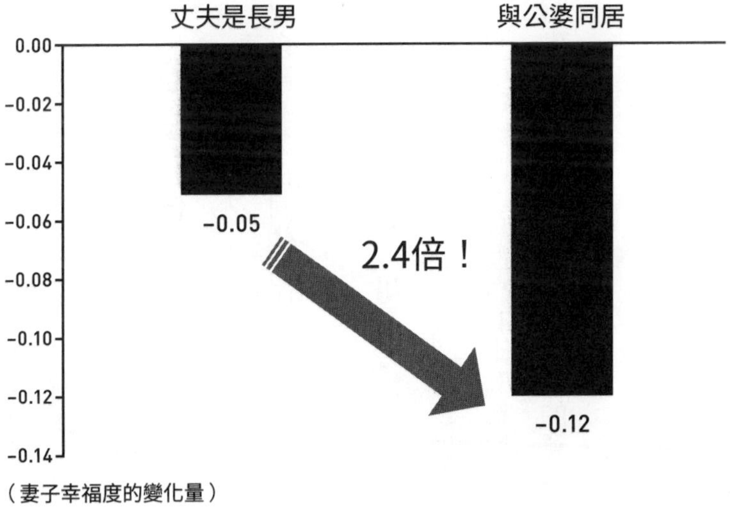

出處：Sato, K（2022）. Does the marriage with the man who is the eldest son bring happiness to women?: Evidence from Japan. PDRC Discussion Paper Series DP2022-004.

下，丈夫是長男時，與公婆同住的比例為12%，但如果不是長男，則比例降為3%。也就是說，如果丈夫是長男，同居的比例就會躍升，有這樣的傾向。

歸納以上幾點，可以整理出**①與身為長男的丈夫結婚→②與公婆同住的比例提高→③妻子的幸福度降低**，這樣的結構。

話說，長男與自己的父母同住的比例偏高，但其背後存在著什麼樣的因素呢？

針對這點展開分析的結果，得知長男往往會有「我得照顧父母」的想法。在用來分析的數據資料中，有個提問是「孩子當中，誰該照顧年邁的父母」，而身為長男的已婚男性，有很高的比例都抱持「沒必要兄弟姊妹都得照顧父母，應該由我來照顧」這樣的想法。這樣的意識差異，造就出長男決定與父母同住的背景。

附帶一提，如果是看要選擇在金錢方面還是在生活方面（打掃、煮飯、採買、處理雜務）提供父母援助，會發現長男往往傾向在生活方面援助父母。這些生活方面的援助，長男的妻子也很可能會參與，加重妻子的負擔。

「獨生子」增加帶來的影響

因為與長男結婚，而造成幸福度降低，不過，這項影響近幾年是否仍舊持續呢？關於這點，妻子是否為一九七〇年以後出生，影響會有所不同，我們對此展開了驗證。

結果發現，就算是一九七〇年以後出生的妻子，與長男結婚後，幸福度依舊會降低，影響完全沒減弱。此外，與居住地區、家庭生活、家庭的經濟狀況有關的滿意度也都降低。

與家庭經濟狀況有關的滿意度降低，暗示著與長男結婚的優點可能已經減弱。其實長男往往學歷較高，所以年收也高[10]。這號稱是**長男附加價值**（關於這點，我想在第六章詳加說明）。與長男結婚，在長男附加價值這類的經濟面有其吸引力，但受到多年來經濟成長低迷的影響，這種正面效果可能也隨之降低。

根據以上的結果，我們可以說，就算是近幾年才與長男結婚的女性，依舊有幸福度和滿意度降低的傾向。

這裡令人感到好奇的是，為什麼與長男結婚所帶來的負面影響仍舊持續至今呢。想得到的原因之一，就是少子化造成兄弟姊妹的人數減少，「獨生子」愈來愈多。

圖9顯示妻子為四十五～四十九歲的夫妻，只有一個孩子的比例變遷。一九七七年為11%，但到了二〇二一年則增加為19.4%。

這意謂著近年來很可能會邂逅「獨生子」。此外，照顧年邁公婆的負擔，集中在身為獨生子的丈夫身上的可能性也隨之增加，這都是造成女性滿意度持續下滑的原因。

我們可以說，**少子化造成的兄弟姊妹人數減少，可能會以意外的形式，使得與長男結婚的負面影響一直持續下去。**

圖 9 妻子 45～49 歲的夫妻只有一個孩子的比例變遷

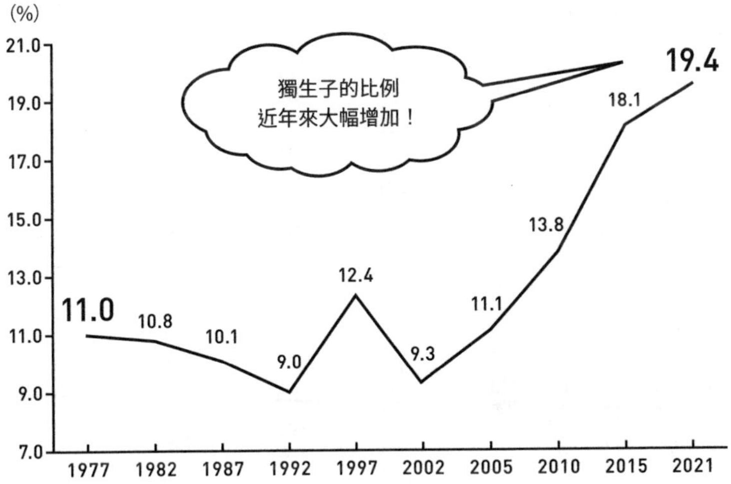

出處：國立社會保障、人口問題研究所《第16屆出生動向基本調查》圖表6-4，依不同調查得知妻子45～49歲的夫妻生下的孩子人數分布。

女性確實因為與長男結婚而幸福度降低，但若以影響的大小來說，可以說與公婆同住的影響更大。也能理解丈夫站在長男的立場，想照顧年邁雙親的心情。

但如果考量到妻子的立場，或許不必非得選擇與公婆同住不可。

就算是「夫妻感情不睦的婚姻」，一樣能幸福嗎？

之前我們針對結婚與幸福度的關係，以各種觀點加以觀察，但其主要前提如圖1～3所示，一直都認為是「已婚人士比未婚人士幸福」。

但真的是這樣嗎？真的是已婚人士比較幸福嗎？

縱觀這個社會，會發現不少人都對夫妻關係感到不滿，婚姻生活過得並不幸福。就像有「家庭內分居」這樣的名稱一樣，有時儘管結了婚，卻連最基本的對話也沒有，明明同住一個屋簷下，卻過得跟分居沒兩樣。

正因為有這樣的案例，才會對「結婚＝幸福」的結果抱持懷疑。

在先前介紹的研究案例中，並未考慮到「夫妻關係究竟是好是壞」這一點。如果夫妻關係好，就能輕易想像出因為結婚而變得幸福的畫面。相對的，就算夫妻關係不好，是否也會因為結婚而得到幸福呢？如果是這樣，結婚提升幸福的效果，可說是「貨真價實」。

因此，接下來我想透過「夫妻關係的好壞」，來看看結婚帶來的幸福度會產生怎樣的變化。

圖10是它的分析結果[11]。這張圖因為數據資料的緣故，只以女性為對象。圖10是將已婚女性分成對夫妻關係感到「滿意」、「普通」、「不滿」這三個族群，來看其各自的幸福度平均值。這張圖顯示出耐人尋味的結果。

第一點是夫妻關係的滿意度，會隨著從「滿意」到「普通」、「不滿」的變化，女性的幸福度也跟著降低。

愈是對夫妻關係感到滿意的女性，幸福度愈高，而愈是對夫妻關係感到不滿的女性，幸福度愈低。這結果意謂著**「夫妻關係的好壞，會直接影響女性的幸福度」**。

圖 10 依照不同的夫妻關係滿意度來對已婚女性進行區分時的幸福度

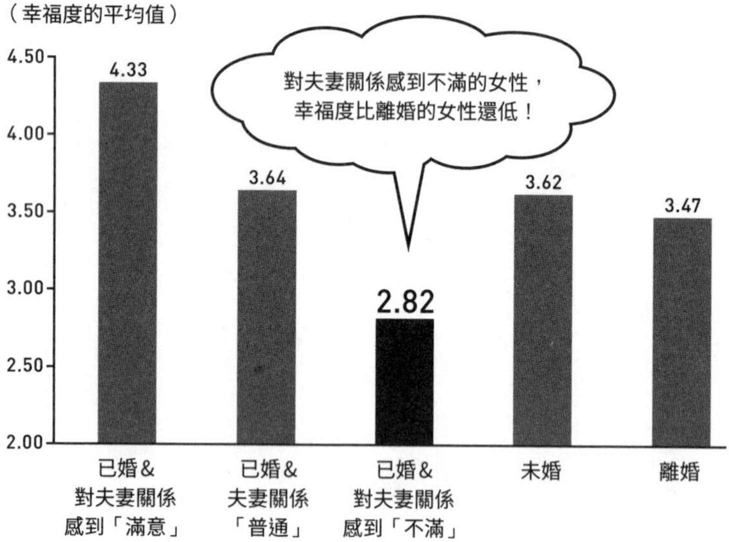

出處：以佐藤一磨（2021）〈夫妻關係滿意度與幸福度——夫妻感情不睦的婚姻與離婚，何者會降低幸福度——〉，PDRC Discussion Paper Series DP2021-001, p16 的圖 2 進行部分修正轉載。圖中的數值顯示的是以1到5這五個階段來測量女性幸福度時，所得到的平均值。

第二點是對夫妻關係感到不滿的女性，幸福度比未婚女性或離婚的女性更低。

這是令人感到震驚的結果。因為**對夫妻關係感到不滿的女性，其幸福度最低**。這結果表示「對夫妻關係有所不滿的婚姻，具有降低女性幸福度的負面影響力」。

歸納以上的結果，我們可以說**「並非所有女性都會因為結婚而得到幸福，只有對夫妻關係感到滿意的一部分人深深享受到幸福」**。從結婚中得到的幸福度，存在著落差。

接下來，在圖11顯示的是在不同的婚姻時間長度下，夫妻關係滿意度的構成比例。看過之後就會明白，剛結婚時，大部分女性都對夫妻關係感到「滿意」。

但隨著婚姻時間變長，夫妻關係變得「普通」或「不滿」的比例大為增加。等到了結婚第十年後，比起對夫妻關係感到「滿意」的比例，夫妻關係「普通」或「不滿」合計的比例遠為大得多。

圖 11 不同婚姻時間長度的夫妻關係滿意度構成比

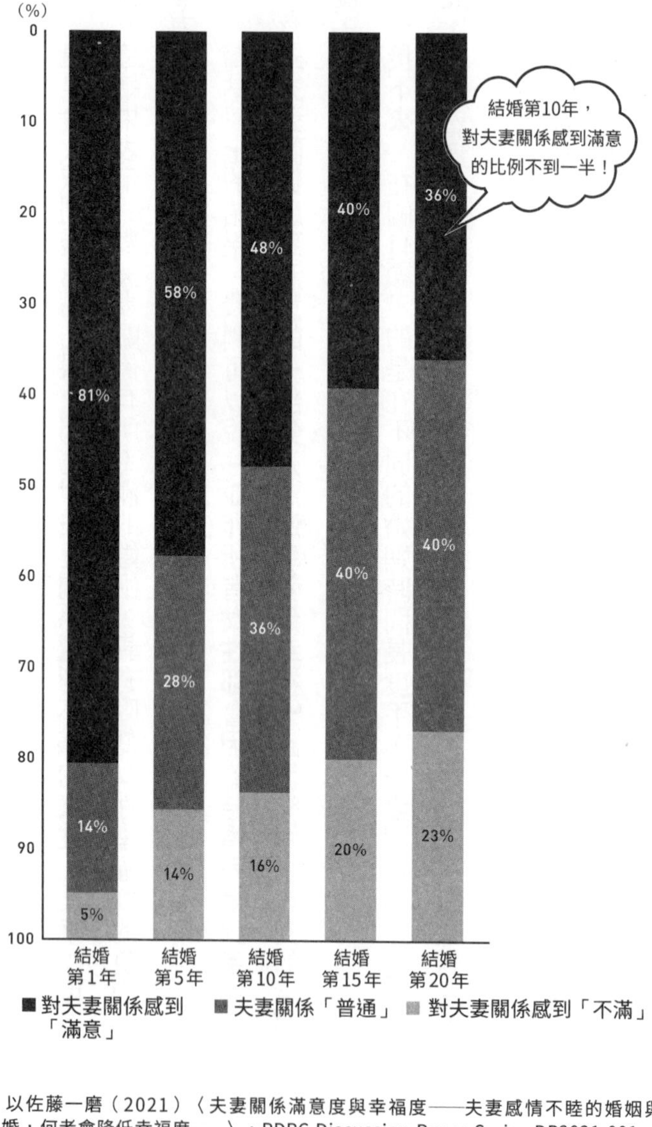

出處：以佐藤一磨（2021）〈夫妻關係滿意度與幸福度——夫妻感情不睦的婚姻與離婚，何者會降低幸福度——〉，PDRC Discussion Paper Series DP2021-001, p26的Appendix1進行部分修正轉載。

這種結果簡單來說，就是**「夫妻關係經年累月變質了」**。

對夫妻關係很滿意，就只有剛結婚那幾年，等時間一久，就會變得普通。這與實際的感覺也很相近對吧。附帶一提，以和圖11同樣的數據資料來看，長達十年的時間，一直都對夫妻關係感到滿意的女性比例，經計算後約有13%。這個結果也說明了要持續對夫妻關係感到滿意有多難。

對前面的內容加以整理後，可以歸納出以下的結論。

「有些女性因為結婚而得到幸福，但並非所有女性都能得到幸福」

結婚並非幸福的保證。如果想過幸福的婚姻生活，看來得具備婚後仍可以和伴侶相處融洽的「經營力」。

原本陌生的兩人，開始在同一個屋簷下共同生活，這就是結婚。

因此，為了維持良好的夫妻關係，修正和經營是不可或缺的。

從飲食、運動、休閒方式等生活習慣，到教育孩子的想法、金錢觀，這廣泛的範圍都是經營的對象。

而且不光只是為期一、兩年，可能長達一輩子。是一項很不簡單的工作。

與其他的人際關係不同，夫妻的關係就算變得惡化，也不是那麼輕易就能切割。話說回來，既然都發過誓要共度一生，自然就不是那麼輕易就能割捨彼此的關係，往往都會要求維持或修復這份關係。家人之間的關係，就是需要維護。

此外，冷靜思考後便會明白，要與特定人士維持長期的良好關係，努力是不可或缺的。結婚對象也一樣。持續這樣的努力，可說是通往「幸福婚姻」之路。

這裡有個重點，夫妻之間特別需要努力的，其實是男性，也就是丈夫的角色。

因為**對婚姻生活的不滿長期累積，使得妻子的幸福度相對遠低於丈夫時，將成為離婚的原因**。這點我想在第五章詳細說明。

歸納

本章介紹了「結婚與幸福」相關的各種研究，內容要點歸納如下。

①男女都是以結婚的一方幸福度比較高。就算以不同的年份、不同的年齡來看，單身男性的幸福度都是最低的，其背後是受到不穩定的受雇形態影響。

②近年來，妻子的學歷比丈夫高的夫妻愈來愈多。不過，當妻子的學歷高於丈夫時，妻子的幸福度相對較低。

③和比自己年輕的對象結婚，結婚的滿意度會提高，男女都一樣。不過，這項滿意度提升的效果，十年後就會消失。

④與長男結婚，女性的幸福度會降低。不過，與公婆同住，幸福度更會大幅降低。

⑤對夫妻關係感到不滿的女性幸福度，比未婚女性和離婚的女性更低。這表示並非所有已婚女性都變得幸福。

第四章

為什麼「有孩子的女性幸福度低」

育兒與幸福的經濟學

孩子真的是幸福的象徵？

各位知道《我家三姊妹》這部卡通嗎。是以松本百力滋老師在部落格上發表的漫畫為原著，以有趣好笑的觀點來描寫松本老師與孩子們之間的關係。

這部作品是從母親的觀點，來描寫充滿個性的三姊妹交織出的各種問題和成長過程。看了之後的感觸是「養孩子真辛苦」，但同時也會覺得「不過，有孩子真好」。

除了這部作品以外，也有多部描寫育兒的作品，但全都可以從中看出「老實說，育兒真的很辛苦，但能得到更多的收穫，真幸福」這樣的訊息。就像這樣，有孩子會讓人感到幸福，這是一般人的想法，可能很多人也都同意。

然而，真的是這樣嗎？有孩子真的會讓人感到幸福嗎？

如同前面所說，育兒有辛苦的一面，也有喜悅的一面。大部分人似乎都認為育兒的正面遠大於負面，但如果不是這樣，有孩子可能會讓父母的幸福度降低。

本章想採用數據資料，查明這樣的實際情況。

有孩子的女性，生活滿意度較低

有了孩子，會對父母，尤其是主要負責育兒的女性幸福，帶來怎樣的影響呢？

這個問題，過去在包含日本在內的許多國家都做過驗證。看這些研究結果，會逐漸顯現出一個驚人的事實。

下頁的圖1，顯示日本的已婚女性有沒有孩子與幸福的關係。分析對象是大約兩萬兩千名已婚女性，分析時間是一九九三～二〇一七年。此外，這裡是採用生活滿意度來作為幸福指標。

從圖1中讀取到的訊息很單純，它表示**「在日本，有孩子的女性整體生活的滿意度偏低」**。

圖 1 有無孩子與已婚女性的生活滿意度

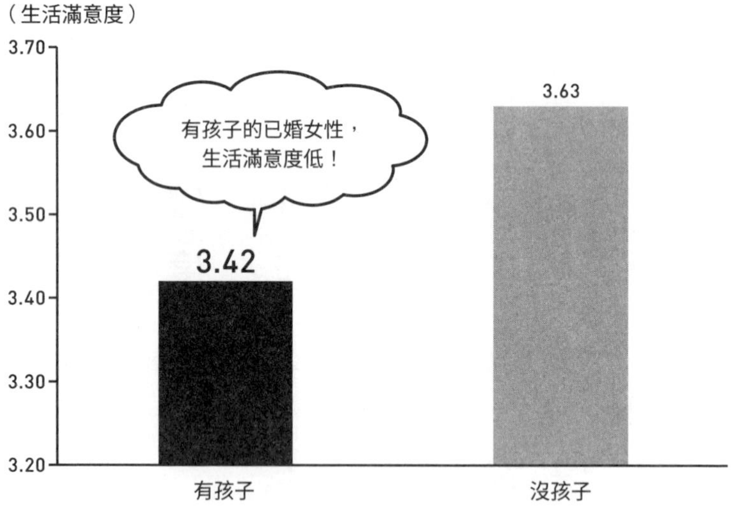

出處：轉載佐藤一磨（2021）〈孩子與幸福度——幸福度會因為有孩子而提高嗎——〉，PDRC Discussion Paper Series DP2021-002, p14的圖1。圖中的數值顯示以1到5這五個階段來測量已婚女性的生活滿意度時所得到的平均值。

圖1的分析結果採用的是統計方法，就算調整年齡、學歷、家庭所得等各種個人屬性的影響，一樣不會有什麼改變。就算將分析對象分成職業婦女和家庭主婦，有孩子的女性滿意度還是比較低。

接下來的圖2，我們來看孩子的人數與已婚女性生活滿意度的關係。

從這個圖表可以看出**「孩子的人數愈多，女性的滿意度愈低」**的傾向。有女性覺得「想要兩個孩子」「如果可以，希望能生三胎」，而實際生產後，整體生活的滿意度卻就此下降。這是日本女性面對的嚴峻現實。

對大部分的父母而言，孩子都是可愛，令人疼惜的存在。不過，隨著孩子的人數增加，整體生活的滿意度會下降。如此嚴峻的現實，會讓女性對「再生一個」感到猶豫，這很可能會造成出生人數減少。

接著是圖3，它顯示孩子在不同的年齡下，已婚女性的生活滿意度變化。

從這個圖表可以看出**「女性的滿意度會隨著孩子年齡增長而降低，當孩子來到青春期時，滿意度最低」**的傾向。

孩子來到青春期後，親子關係會惡化，造成滿意度下滑。但過了這個時

圖 2 已婚女性因孩子人數而變化的生活滿意度

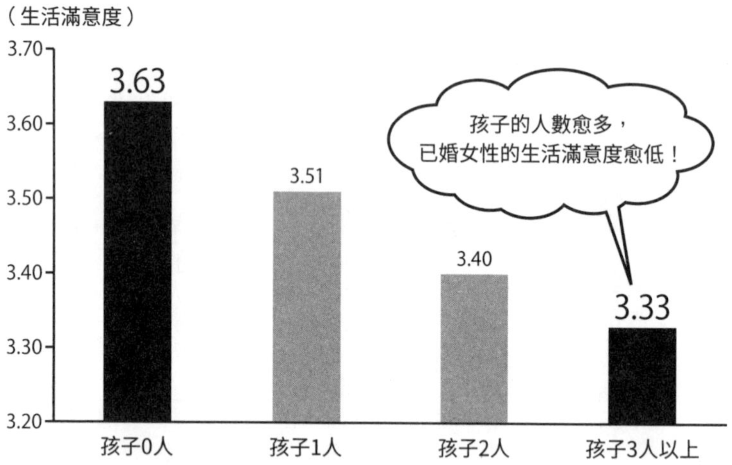

出處：轉載佐藤一磨（2021）〈孩子與幸福度──幸福度會因為有孩子而提高嗎──〉，PDRC Discussion Paper Series DP2021-002, p14的圖2。圖中的數值顯示以1到5這五個階段來測量已婚女性的生活滿意度時所得到的平均值。

圖 3 已婚女性因孩子年齡而變化的生活滿意度

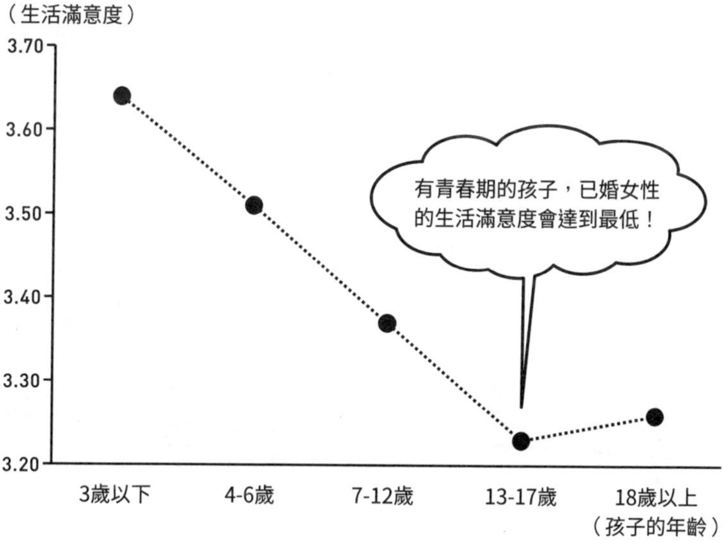

出處：對佐藤一磨（2021）〈孩子與幸福度——幸福度會因為有孩子而提高嗎——〉，PDRC Discussion Paper Series DP2021-002, p15的圖3進行部分修正轉載。圖中的數值顯示以1到5這五個階段來測量已婚女性的生活滿意度時所得到的平均值。

期，親子關係就會逐漸改善，滿意度也會慢慢提升。這個結果對孩子已經成年的父母來說，應該與真實的感受很相近吧。

有了孩子，幸福度就會下降的三個理由

以上的分析結果，對有孩子的人來說，可能會心頭猛然一跳吧。

有孩子往往給人正面的印象，所以看到這樣的分析結果，應該有不少人對這樣的印象落差感到吃驚。

這時候會讓人產生問號的，是**「為什麼有孩子會造成女性的幸福度下降」**。究竟是什麼原因，讓有孩子的女性生活滿意度下降呢？大致來說，其背後有兩個可能性。

一是「孩子的存在本身造成女性的幸福度降低」的可能性。

二是「有了孩子後，伴隨產生的各種變化，使女性的幸福度降低」的可能性。

這兩個可能性當中，前者可能不太正確。因為有研究指出，有了孩子，會促成人生精神層面上的充實和幸福，具有這樣的優點[1]。

與孩子的接觸，以及守護孩子的成長，不光能讓人真切感受到人生有了重大的意義，還能為平日的生活帶來充實感。一個值得去愛的存在就在自己身邊，光這樣就能讓人深深感受到幸福。光從這幾點就能說，有了孩子本身便具有提高幸福度的效果。

這麼一來，原因出在有了孩子後伴隨而來的生活變化，這麼說比較有說服力。

那麼，有了孩子後，伴隨而來的生活變化中，哪個是造成女性幸福度降低的主因呢？看過去的研究，可以舉出**①金錢**、**②夫妻關係**、**③家事**、**育兒負擔**這三個可能原因。

首先是①金錢，育兒伴隨而來的是金錢上的負擔。光是張羅孩子的食衣住行，就會多出許多支出，還會另外加上教育費的重擔。

像現今的日本這樣，考量到高中生大約有一半都會上大學的現狀，必須為孩子準備好一路念到大學的學費。此外，近年來以都市為中心，報考明星國中的情況也愈來愈多，這也很可能需要投注更多的教育費。

這些金錢的負擔重重地壓在平日的生活上，會讓許多負擔家計的女性幸福度下滑。

關於②夫妻關係，隨著生產，「丈夫、妻子」的角色會再加上「父親、母親」的新角色。如果打從一開始就能充分勝任「父親、母親」的角色，就沒什麼問題，但並非所有夫妻都能順利扮演這兩種角色。尤其是第一胎的時候，不習慣的事接連發生，有可能夫妻都面臨精神和肉體上的壓力，使得夫妻關係惡化。

可能就是夫妻關係的惡化，造成女性的幸福度降低。

關於③家事、育兒負擔，與②夫妻關係有緊密的關聯。有了孩子後，家事、育兒負擔也隨之大增，許多夫妻都會面臨這個擔子要「由誰來扛」、「扛到什麼程度」的問題。在「男性＝工作、女性＝家事、育兒」這種角色意識至今依舊強烈的日本，家事、育兒的負擔往往都是由女性負責。

這沉重的家事、育兒負擔，有可能造成女性的幸福度降低。

以上的①金錢、②夫妻關係、③家事、育兒負擔這三者，是造成女性幸福度降低的可能原因，但可能這三個主要因素都各自擁有其影響力，而且影響的大小也各有不同，這樣子來看待會比較合理。

造成幸福度下滑的最大原因是「金錢」

那麼，這三個原因當中，哪個原因的影響力最強呢？

關於這點，美國達特茅斯學院的大衛·布蘭奇洛爾（David Blanchflower）教授與法國巴黎經濟學院的安德魯·克拉克（Andrew Clark）教授，採用對歐洲合計達一百二十萬人以上展開調查的數據資料，來分析有孩子的女性幸福度偏低的原因[2]。

他們的研究著眼點放在「金錢」上。

在他們的分析下，著點眼擺在如果以統計方法來調整金錢的影響時，女性有孩子的影響會產生怎樣的變化。如果孩子的影響從負面轉變為正面時，則研判幸福度降低的原因是金錢。

相反的，如果孩子的影響一直是負面的，則研判幸福度降低的原因是金錢以外的要素。

實際分析的結果，如果用統計方法來調整金錢的影響，可證明孩子的影響會從負面轉變為正面。

也就是說，**女性之所以因為有了孩子而幸福度降低，金錢的負擔是主因，孩子本身則會提高女性的幸福度**。

在日本，有了孩子所伴隨而來的金錢問題，令人頭痛，但在歐洲似乎也是同樣的情況。

在歐洲，針對有孩子的女性幸福度會降低的原因展開研究，但在日本則尚未有這樣的研究。因此，到底什麼是造成女性幸福度下滑的致命傷，一直都沒明確釐清。

但如果將過去日本國內的研究做一番整理，大致猜得出，不光是金錢，夫妻關係也可能會對女性的幸福度下滑造成很大的影響。

造成夫妻關係急速惡化的契機

根據芝加哥大學的山口一男教授與日本女子大學永井曉子教授的研究，得知因為有孩子，而使得夫妻關係滿意度下滑[3]。尤其是山口一男教授在論文中指出，第一個孩子出生時，夫妻關係滿意度就會下滑。

事實上，如果看第一個孩子出生前後，對夫妻關係感到滿意的比例變遷會發現，出生後數值會大幅下滑（圖4）。

圖4的結果意謂著**「第一個孩子出生後，夫妻關係急速惡化」**。

這種夫妻關係的惡化，很類似所謂的「產後憂鬱症」現象，是造成女性幸福度下滑的主要原因。山口一男教授還在其他論文中指出，第一個孩子出生時負面的育兒經驗，會對第二個孩子的出生形成阻礙[4]。第一個孩子出生後，要是得不到丈夫對育兒的幫忙，夫妻關係就此惡化時，往往會有不想生第二個孩

圖 4 第一個孩子出生前後，對夫妻關係感到「滿意」的比例

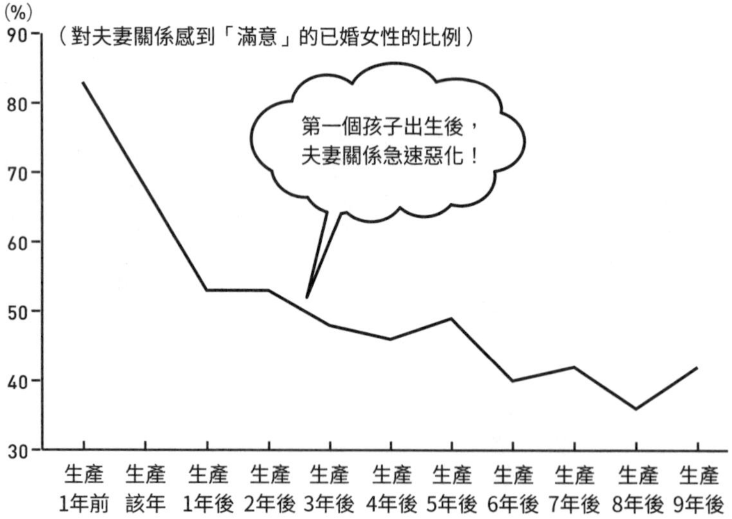

出處：轉載佐藤一磨（2021）〈夫妻關係滿意度與幸福度——夫妻感情不睦的婚姻與離婚，何者會降低幸福度——〉，PDRC Discussion Paper Series DP2021-001, p25的Appendix3的圖。圖中的數值顯示以1到5這五個階段來測量夫妻關係滿意度時，5和4的比例（非常滿意，或是還算滿意）變遷。

子的傾向。

加以整理後發現，似乎有**①第一個孩子出生→②得不到丈夫對育兒的幫忙，夫妻關係惡化→③女性的幸福度下滑&不想生第二個孩子**，這樣的走向。

如果考慮到這樣的因果關係，我們可以說，產後夫妻關係的維持極為重要。為了因應第一個孩子生產後急速惡化的夫妻關係，像「產後學習班」這樣的措施，或許變得更加需要。

人們很容易將夫妻關係的惡化看作是「家人之間的問題」，想要夫妻自己解決。但產後夫妻關係的惡化，不光會嚴重影響往後的婚姻生活，也會影響「下一個孩子」的生產。因此，考慮善用家庭外部的力量來照顧孩子，也很重要。

現在，日本面臨少子化這個重大的課題，也為了因應這個課題而實施各種政策。

然而，日本的女性要是有了孩子，而且孩子的數量增加，生活滿意度就會下滑，面對很嚴峻的現實。

「雖然希望孩子的數量可以增加，但這樣的結果，會造成女性的滿意度降低」

就像這樣，社會要求的方向性與個人的幸福背道而馳。這可說是日本的社會所面臨的**「大矛盾」**。

然而，近年來男性逐漸也會參與家事和育兒，男性也開始出現主動想要育兒的潮流。而男性也開始出現為了育兒的辛苦，以及工作與家庭之間該如何取得平衡而煩惱，為此所苦的案例[5]。

過去女性長年都經歷這樣的煩惱和痛苦，而男性可說是後來才有這樣的體驗。

對男性與女性各自要兼顧工作與家庭的辛苦有所了解後，以開放的態度討論「那麼，該怎麼做才好呢」，這樣才算做好摸索新方法的準備。不過，不該是將它交給各個家庭自己去負責，而是需要完善的政策，來改革育兒假制度和工作方式，讓男性能更快參與家庭的事務。

有孩子的高齡者，生活滿意度低

話說，先前我們想到的都是處於育兒期的父母，不過，當孩子長大離巢，父母變得年邁時，孩子的存在會對父母的幸福帶來怎樣的影響呢？

育兒所伴隨而來的金錢、時間、肉體上的負擔，會隨著孩子的成長而改變。孩子還小的時候，時間、肉體的負擔大，而孩子成長到一定程度後，接著改換成金錢的負擔加重。而當孩子開始工作時，育兒的工作告一段落，得以從各種負擔中解放。

之後父母上了年紀，接著反過來改為由孩子提供父母各種援助。援助有的是金錢，有的是生活上的幫忙或是在家中照護。除此之外，也有人指出，孩子的存在可以防止老人孤立，多與社會上的人們交流，扮演了重要的角色[6]。

從前面可以明顯看出，父母上了年紀後，育兒所伴隨的負擔會減少，同時可以期待孩子提供援助。

這意謂著「孩子的存在可能會對高齡父母的幸福度帶來很大的正面效果」。

而實情究竟是怎樣呢?我也想利用數據資料來展開定量分析。

下頁的圖5,是以六十歲以上有孩子的已婚者與沒孩子的已婚者為對象,來比較兩者的幸福度。分析對象中,已婚女性約四千五百人、已婚男性約五千三百人,分析對象的時間範圍是二〇〇九~二〇一八年。此外,圖5也採用生活滿意度作為幸福的指標。在此以0~10這十一個階段來測量其生活滿意度。

從這個圖可以看出,「男女都是以有孩子的高齡已婚者的生活滿意度較低」。

當然了,孩子對生活滿意度造成的負面影響,會比年輕時來得小。不過,擁有負面影響這一點依舊沒變。這種情況實在很難說孩子的存在會促成高齡者生活滿意度的提升。

即使處在高齡期,孩子的存在仍會降低生活滿意度,這項結果令人大受

圖 5 有無孩子與生活滿意度的關係

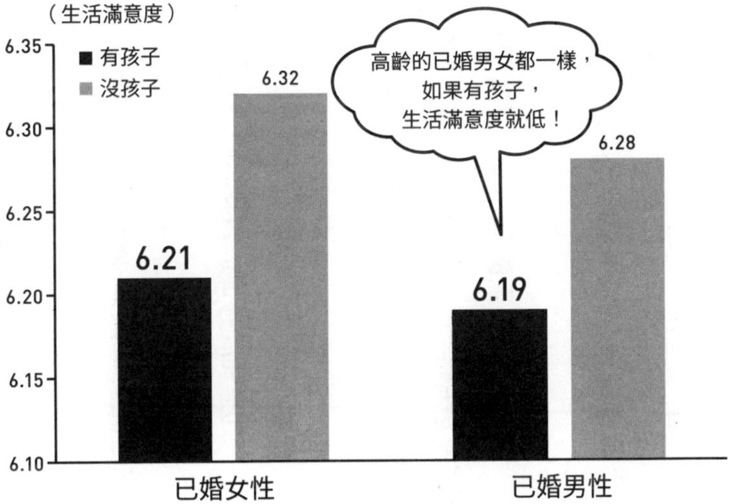

出處：轉載佐藤一磨（2021）〈在高齡期，孩子的存在會帶來幸福嗎〉，PDRC Discussion Paper Series, DP2021-008的p11圖1。分析對象為六十歲以上的已婚男女。圖中的數值顯示生活滿意度的平均值。

衝擊。

如果是在育兒期倒還情有可原，為什麼育兒的工作都結束了，孩子的存在卻依舊會降低生活滿意度呢？其原因令人好奇，但想得出兩個可能性。

孩子令高齡的父母滿意度下滑的原因

一是**「金錢」**。

在日本，大約有一半的高中生都會升大學。此外，也有到短大或專業學校就讀的學生，教育費是長期的經濟負擔。可能是因為這些負擔，使得手上的金融資產額減少，造成高齡期的生活滿意度下降。

其實它有證據。

下頁的圖6顯示與日本高齡已婚男女的家庭所得有關的滿意度。

此外，家庭所得滿意度也是以0～10這十一個階段測量到的指標來顯示，數值愈大，對家庭所得愈滿意。

圖 6 有無孩子與家庭所得滿意度的關係

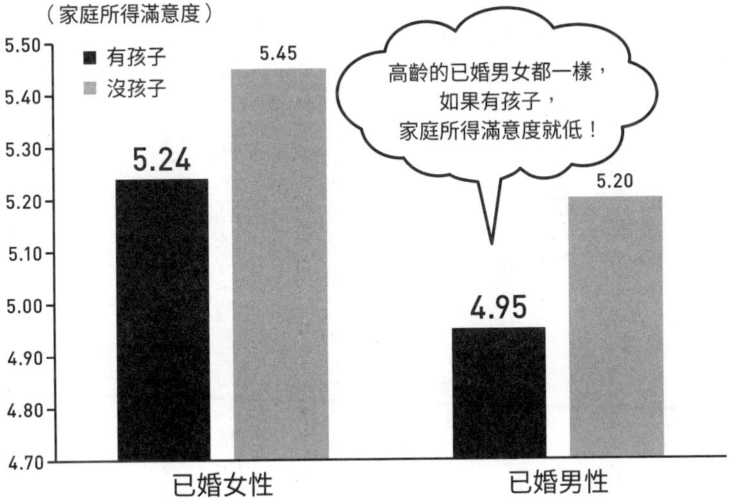

出處：轉載佐藤一磨（2021）〈在高齡期，孩子的存在會帶來幸福嗎〉，PDRC Discussion Paper Series, DP2021-008 的p12圖2。分析對象為六十歲以上的已婚男女。圖中的數值顯示家庭所得滿意度的平均值。

從這個圖表可以看出，有孩子的高齡已婚者，其家庭所得滿意度偏低。這個結果也顯示出，儘管是在高齡期，孩子的存在仍會是在金錢層面感到不滿意的原因。

如果更進一步來看家庭儲蓄額和家庭負債額會發現，有沒有孩子會產生差距。下頁的圖7與圖8，顯示高齡已婚者的家庭儲蓄額和家庭負債額的平均值。

圖7、8顯示，有孩子的高齡已婚者其家庭儲蓄額較小，家庭負債額較高。有孩子的家庭所保有的金融資產會減少。

從圖6、7、8來看，我們可以說，養育孩子的長期金錢負擔如實顯現在高齡期。它就此成為生活滿意度降低的原因之一。

第二個原因是**「家庭結構的變化」**。

日本在一九九〇年代前半泡沫經濟崩毀，之後長期經濟不景氣。這結果使得以年輕年齡層為主的非正職受雇工作的比例增加，所得水準也跟著降低。面對這樣的情況，有可能造成學校畢業後仍與父母同住，經濟上依舊倚賴父母的

圖 7 有無孩子與家庭儲蓄額的關係

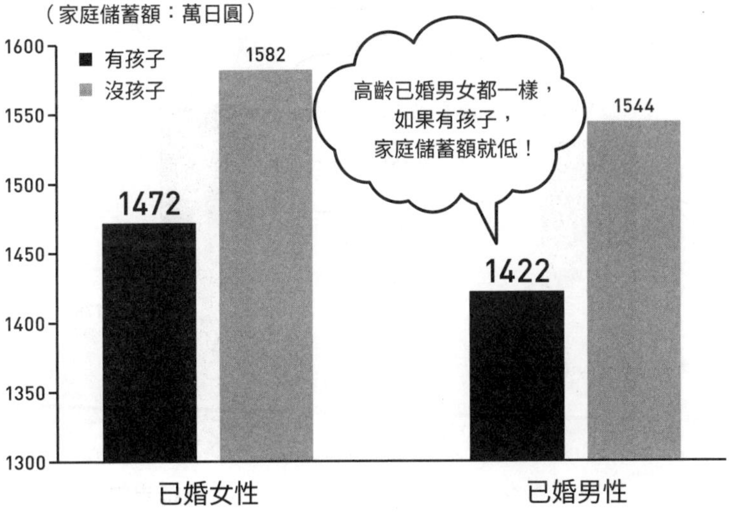

出處：轉載佐藤一磨（2021）〈在高齡期，孩子的存在會帶來幸福嗎〉，PDRC Discussion Paper Series, DP2021-008的p22圖B1。分析對象是六十歲以上的已婚男女。圖中的數值顯示家庭儲蓄額的平均值。

圖 8 有無孩子與家庭負債額的關係

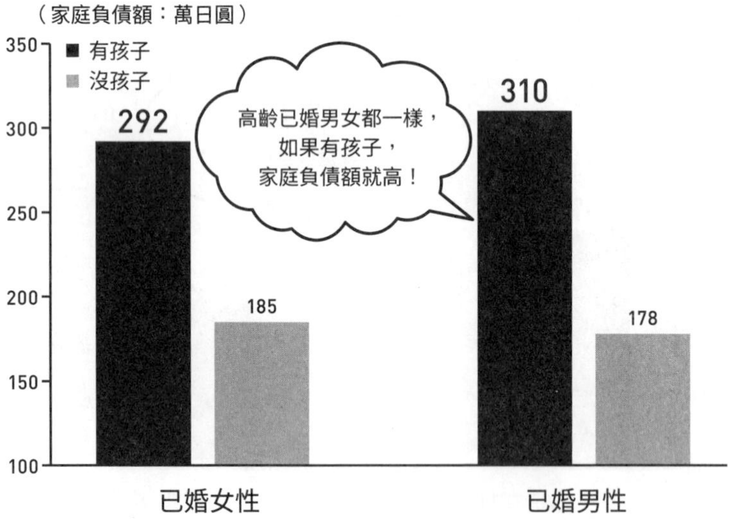

出處：轉載佐藤一磨（2021）〈在高齡期，孩子的存在會帶來幸福嗎〉，PDRC Discussion Paper Series, DP2021-003的p22圖B2。分析對象為六十歲以上的已婚男女。圖中的數值顯示家庭負債額的平均值。

孩子比例增加。

而實際看《福利行政基礎調查報告》及《國民生活基礎調查》後發現，家中有六十五歲以上人口的家庭中，只有父母與未婚孩子同住的家庭，在一九七五年占9.6%（約六十八萬戶家庭），但二〇一九年則增加為20%（約五百一十二萬戶家庭）。

中央大學的山田昌弘教授將大學畢業後，基本生活仍倚賴父母的未婚人士，稱作「單身寄生族」，可能是因為經濟環境的惡化才造成「單身寄生族」增加。不過，山田昌弘教授是在二十年前指出「單身寄生族」的存在，近年來的「單身寄生族」更是因為經濟上的原因而不得不與父母同住，反映出這種困苦的現狀。

像前面提到的**未婚人士與父母同住的情況增加，會拉長父母那一代的經濟負擔，是造成高齡的父母生活滿意度降低的原因**之一。不光育兒期，即使育兒的工作結束，孩子的存在仍會造成滿意度降低的這種結果，實在令人感到震驚。正因為有這種現狀，孩子的人數才會都沒增加，少子化的傾向不斷持續。

照顧孫子，拉低「外婆」的幸福度

前面我們看了孩子與高齡父母幸福度的關係，現在有個因為與高齡的父母（＝高齡世代）有關，近年來備受矚目的主題。

那就是**「孫子的存在對高齡世代的幸福帶來的影響」**。

一般來說，高齡世代眼中的孫子都很可愛。一般認為這可能是因為不用背負直接的育兒責任，同時因為有精神和經濟上的餘力，所以才能欣賞孩子的可愛。因此，如果有孫子，幸福度可能就會提高，這是人們很自然產生的想法。

然而，近年來常聽到**「帶孫倦怠」**這句話。

背後是因為父母雙薪的情形增加。雙薪家庭的數量超越有家庭主婦的家庭，已有很長一段時間，「上班的母親」愈來愈多。為了對這些家庭提供支援，高齡世代幫忙照顧孫子的案子可能會逐漸增加。人們稱之為「養孫」，為了準備三餐、照顧住宿、陪孫子玩，身心都很疲憊，因為有孫子，而造成幸福度降低。

實際情況到底是怎樣呢？在可以活一百歲的這個時代，與孫子接觸的時間愈來愈多，孫子的存在對高齡世代的幸福度會帶來怎樣的影響，令人好奇。

其實關於這點，歐美也有很高的興趣和關注度。其背後是高齡化的持續發展。近年來，以先進國為中心，針對高齡世代與孫子之間的關聯對幸福度造成的影響展開分析，得到耐人尋味的結果。

我們先從日本的結果來看吧。

在日本，針對孫子的存在對祖父母的幸福度造成的影響展開分析的，是西南學院大學的山村英司教授等人的研究[7]。在這項研究下，以1～5這五個階段來測量幸福度。

他們的分析結果得知，如果是自己的外孫時，外孫的存在會造成外婆的幸福度降低。其影響的大小與自己的孫子比較後會發現，如果是外孫，外婆的幸福度會低13.3%。

以祖母的情況來說，會因為是自己的外孫還是孫子而有不同的影響，但祖父則有不同的結果。以祖父的情況來看，是孫子還是外孫，一點關係都沒有，影響很小。

從以上的分析結果可以明白，在日本，**孫子的影響會集中在外婆身上，造成她們的幸福度降低**。這個結果令人很感興趣，為什麼會有這種結果呢？

其背後是因為有性別角色分工意識以及外婆與外孫的母親之間的血緣關係。由於日本有很強烈的性別角色分工意識，所以在照顧孫子方面，往往會認為主要是由祖母負責，而不是祖父。當孩子還小的時候，這種傾向尤為強烈。

這時候如果站在母親的觀點，要請長輩幫忙照顧孩子的話，比起拜託婆婆，拜託自己母親更容易開口，所以往往很多事都會請自己的母親幫忙。

而在實際的研究中也指出，外婆最常幫忙帶外孫[8]。這會加重體力或金錢上的負擔，所以外婆的幸福度會因此降低。

因為性別角色分工意識與血緣關係，照顧外孫的負擔集中在外婆身上的這項結果，在日本的社會根深蒂固，可以理解。

那麼，在社會情況不同的國外，又會是怎樣的結果呢？

即使在歐洲，也會因「養孫」而心理健康惡化

在歐洲，關於養孫，義大利帕多瓦大學的喬治爾・布魯內洛（Giorgio Brunello）教授等人展開了分析[9]。他們的分析結果得知，在歐洲，養孫的時間愈長，祖父或祖母的心理健康狀態會愈惡化。

耐人尋味的是當中的男女差異。當養孫的時間平均一個月增加十小時，祖母的心理健康嚴重惡化的機率會提高3.2～3.3%，祖父則是提高5.4～6.1%。

如同這個結果所示，在歐洲，養孫會對祖父造成較大的負面影響。這個結果和日本不同，但其背後有什麼原因呢？

關於這點，布魯內洛教授等人指出，在歐洲的幾個地區，主要負責育兒的不是祖父，而是祖母，所以原本就對「養孫」不太排斥，但祖父在不習慣的情況下幫忙養孫，所以才會加重負面影響。

在歐洲可以看出「養孫」的負面影響，但在美國、英國、中國，反而有正面的影響。

根據美國的研究得知，與獨處的時間相比，和孫子共處的時間要是更多，不光幸福度會提高，也更容易真切感受到人生的意義[10]。

此外，英國的研究指出，如果有孫子，整體生活的滿意度會跟著提高[11]。

而根據中國的研究得知，照顧孫子不光能改善憂鬱症，整體生活的滿意度也會提升。而驚人的是，與孫子共度的時間或是照顧孫子的人數愈多，愈能提高正面的影響[12]。在比日本更重視血緣的中國社會，孫子的存在可說是具有極大的正面影響力。

從以上的分析案例可以明白，不同的國家，與孫子的關係所帶來的影響也會不同。其背後除了各國的性別角色分工意識以及女性投入社會的情況外，社會上是如何看待孩子這點，也有其影響力。

在日本，過去為了促進女性投入社會，讓更多女性在結婚、生產後仍可以繼續工作，而展開制度改革。而在這樣的過程中，原本由女性負責的育兒負擔，慢慢轉嫁到幼兒園之類的社會制度或家人身上。結果造成以祖母為主力，花在「養孫」上的時間變得比以前更多。

但遺憾的是，養孫會造成祖母，尤其是外婆的幸福度降低。如同我們前面所看到的，日本的女性就算在育兒方面也有幸福度降低的傾向，所以年輕時就因育兒而幸福度降低，而上了年紀後，則是因養孫而幸福度降低。

日本的女性或許一輩子都背負著過於沉重的育兒負擔。

有孩子的女性，幸福度不會提升

從之前介紹的研究結果可以明顯看出，就算育兒期結束，孩子的存在還是會讓父母的幸福度降低。接著令人感到在意的，是因孩子而造成幸福度降低的幅度，是否不會因時代而改變。

會產生這樣的疑問有其原因。因為過去日本為了因應少子化，實施了各種政策。例如設立育兒、照護休假法、為了消除待機兒童（※在日本，申請上幼兒園，但因為一直排隊候補而沒能就讀的孩童，稱作「待機兒童」。）而增設幼兒園、少子化社會對策基本法、次世代育成支援對策推進法、孩童、育兒支援法的施行，以及各式各樣的政策。一般認為這些政策都改善了育兒和就業環境。

如果真是這樣，有孩子的女性，其幸福度不就也有可能慢慢改善嗎？雖然目前有孩子的女性幸福度比沒孩子的女性還低，但其降低的程度就算會因為各種政策的實施而縮小，也不足為奇。

實際情況究竟是怎樣呢？接下來我想針對二〇〇〇～二〇一八年間有孩子的已婚女性幸福度的變遷展開驗證。有孩子的女性，其幸福度在二〇〇〇年以後是否逐漸改善，還是與預期相反，變得更加惡化呢？

以下想介紹以二〇〇〇～二〇一八年間，年齡介於二十～八十九歲的已婚女性，約八千三百人為對象所做的分析結果。此外，在此會使用以1～5這五個階段所測量出的幸福度。

下頁的圖9，看的是二〇〇〇～二〇一八年間有孩子的已婚女性和沒孩子的已婚女性幸福度的平均值。此外，圖中為了讓趨勢能淺顯易懂，補上了趨勢線。

從圖9可以看出以下兩個重點。

第一，除了二〇〇三年和二〇一七年以外，都是沒孩子的已婚女性幸福度比較高。第二，從趨勢線的變遷可以看出，有孩子的已婚女性與沒孩子的已婚女性的幸福度差距似乎正緩緩擴大中。

第二點的結果很令人好奇。為了更準確地驗證這點，對於年齡、學歷、健康狀態、家庭年收、有無就業等要素的影響，全都用統計方法加以調整，再度展開分析。

結果得知，①有孩子的已婚女性的幸福度長年都沒上升、②有孩子的已婚女性與沒孩子的已婚女性幸福度的差距沒變化。

說得極端一點，意思就是**「有孩子的已婚女性幸福度不見得有改善的傾**

圖 9 以有無孩子來區分，看已婚女性幸福度的平均值變遷

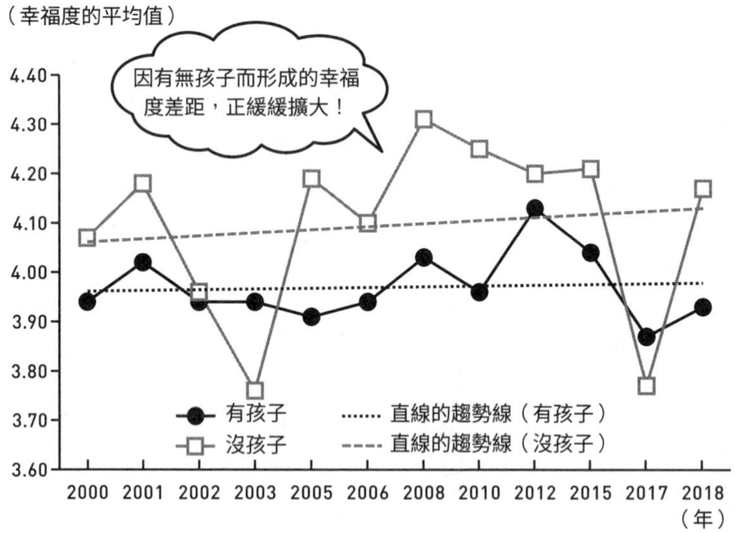

出處：佐藤一磨（2023）〈有無孩子造成的幸福度差異，在2000～2018年擴大了嗎〉，PDRC Discussion Paper Series , DP2022-006.

向，幸福度比沒孩子的已婚女性還低的狀況，完全沒改變」。

接著將分析對象鎖定在處於育兒期的五十歲以下的已婚女性，得到不太一樣的結果。

有孩子的已婚女性幸福度長年都沒上升，這點一樣沒變，不過，沒孩子的已婚女性幸福度有上升傾向。**這個結果表示，有孩子的已婚女性與沒孩子的已婚女性之間，幸福度的差距緩緩拉大**。

為什麼沒孩子的已婚女性幸福度會上升呢？其背後是因為「結婚就應該要有孩子」的社會壓力降低所帶來的影響。

根據國立社會保障、人口問題研究所的《出生動向基本調查》，對「結婚後是否應該有孩子」的提問，回答「有點反對」「完全反對」的比例，在二〇〇二年是22.4%，但到了二〇一五年則上升為28.9%。此外，在這段時間，妻子年紀為45～49歲的夫妻，沒有孩子的比例從4.2%（二〇〇二年）增加為9.9%（二〇一五年）。

沒有孩子的夫妻持續增加中，已成為比以前更容易被人接受的一種生活型態。這有助於提升沒孩子的已婚女性的幸福度。

在美國，有孩子的女性幸福度提升

已知日本有孩子的已婚女性與沒孩子的已婚女性，其幸福度的差距沒有變化，或是有擴大的傾向，但在美國，反而有差距縮小的傾向。這與日本正好相反。

關於這點，亞利桑那州立大學的克理斯・赫布斯特（Chris Herbst）副教授等人展開了分析[13]。根據他們的分析，美國有孩子的女性雖然幸福度長年來都沒有變化，但沒有孩子的女性有幸福度降低的傾向。這個結果，表示有孩子的女性與沒孩子的女性，其幸福度的差距已經縮小。

這裡有一點令人感到在意，為什麼沒有孩子的女性，幸福度長年以來都很低呢？

關於這點，赫布斯特副教授等人指出，有了孩子，會與社區產生連結、關心政治、維持與朋友的交友關係，有可能促成幸福度的提升。而沒有孩子時，與社會和人群的連結就會變少，這便是幸福度降低的原因。

在美國，孩子的存在同時也發揮了拓展人際關係的功能。而在日本，孩子的存在應該也會成為拓展交友關係的契機，但是否會促成父母的幸福，目前還不確定。不管怎樣，孩子在社會或家庭所扮演的角色，可能日美兩國的情況不同。

整理前面的內容可以得知，日本過去實施了各種少子化對策，育兒、就業環境都比以前改善許多，但有孩子的女性幸福度降低的傾向依舊沒變。背後可能因為少子化對策還不夠完善。

歸納

本章介紹「孩子和幸福」相關的各種研究，歸納內容的要點如下。

①在日本，有孩子的女性生活滿意度低。此外，家中孩子的人愈多，女

性的生活滿意度愈低。而且女性的滿意度會隨著孩子的年齡增長而降低，當孩子進入青春期時，滿意度會降到最低。

②有孩子的女性生活滿意度都偏低，因為受到金錢的負擔、夫妻關係的惡化、沉重的家事、育兒負擔所影響。

③在日本，生下第一個孩子後，夫妻關係往往就會急速惡化，這會成為生第二胎的阻礙。

④男女都一樣，有孩子的高齡已婚者，生活滿意度都比較低。其背後是受到養育孩子的長期金錢負擔，以及和未婚的孩子同住的情形增加所影響。

⑤在日本，照顧外孫會造成「外婆」的幸福度下降。其背後是受到性別角色分工意識以及外婆與女兒的血緣關係所影響。對此，以祖父的情況來說，照顧孫子所受的影響則比較小。

⑥有孩子的已婚女性，其幸福度看不出有改善的傾向，其幸福度比沒孩子的已婚女性還低的這種狀況並未改變。

第五章

離婚後會變得不幸嗎

離婚與幸福的經濟學

魔法解除了

看美國的電影，會遇上以離婚為主題的作品。當中令我印象特別深刻的，是《真情假愛》（二〇〇三年）。主角是充滿中年魅力的帥氣男星喬治．克隆尼。飾演一位專打離婚訴訟的律師。而和他演對手戲的，是知名美女凱薩琳．麗塔-瓊斯，飾演一位想藉由和富豪離婚以奪取財產的壞女人。兩人在法庭內外鬥智，最後墜入情網，就是這樣的故事，整體劇情明快，看了絕不會讓人覺得無聊。

就像電影劇情一樣，「想以離婚來取得對方財產」，可說是在描寫離婚時的典型情節。

說到另一個離婚的典型情節，那就是「離婚會造成不幸」。告別過去相愛的伴侶，恢復單身。最後被孤單打倒，一蹶不振。離婚往往會伴隨給人這種印象對吧。

然而，真的會因為離婚而變得不幸嗎？

如果與結婚對象的關係鬧僵，或是結婚對象出了什麼問題時，反而能藉由離婚而一掃心中的陰霾。例如因為對方的精神虐待而受苦時，離婚將會是解決之道，離婚後可能會幸福度提升。

婚姻生活未必都是漂亮的玫瑰色，想必也會有痛苦和辛酸。從痛苦中解放，才會促成幸福，這樣的想法一點都不奇怪。如果這樣想，則「離婚＝不幸」的公式就未必符合了。

人們真的是因為離婚而變得不幸嗎？如果會變得不幸，效果維持的時間是短還是長呢？

本章想對離婚與幸福的關係進行檢討。

對離婚會感到大受打擊的，是男性

對於離婚與幸福的關係，以歐洲為主，累積了許多研究。其中有個頗具代表性的研究，那就是法國巴黎經濟學院的安德魯．克拉克教授等人的分析[1]。在這項研究下，對一九九一～二〇〇六年間的英國展開大規模調查，以十六～六十歲的男性約四萬七千人、女性約五萬五千人當分析對象。此外，在這項分析下，是以1～7這七個階段所測出的生活滿意度來作為幸福指標。

克拉克教授等人的論文，驗證了離婚前後幾年間的生活滿意度變化。透過這項分析，得知一個耐人尋味的結果。

先來看女性的變遷，雖然離婚前有長達數年的時間都是生活滿意度低落，但離婚後便慢慢恢復。而到了離婚兩年後，離婚的負面影響消失，生活滿意度變得比離婚前還要高。

以女性的情況來看，離婚的影響可以說會隨著時間經過而逐漸療癒。

相對的，如果看男性的變遷，會得知另一個與女性不同的結果。

簡單一句話來說，**離婚對男性的影響更大**。從離婚三年前一直到離婚當年，生活滿意度都很低落，而明確開始出現恢復傾向，是在離婚五年後。

男性的情況與女性不同，離婚後的恢復慢是其特徵。

從以上英國的調查結果來看，我們可以說，女性確實會因離婚而變得不幸，但那只是暫時。相反的，男性因離婚而受影響的時間似乎會拉得比較長。

男性因為離婚，而比女性受到更大影響的構圖，從近年來愈來愈多的熟年離婚同樣也能看出。在此，我想看看日本的案例。

首先看的是日本整體的離婚動向，其實從二〇〇二年以後，離婚件數持續減少。二〇〇二年約有二十九萬件離婚，二〇一九年約有二十一萬件，減少了28%（厚生勞動省《人口動態統計》）。日本的結婚人數、生產人數都在減少，但離婚人數同樣也在減少。

相對於此，熟年離婚卻有增無減。此外，所謂的熟年離婚，其定義指的是同住的時間達二十年以上，最後離婚的案例。

一九八〇年，符合熟年離婚的案件約一萬一千件，占整體離婚的比例約7.7%左右。這在二〇一九年增加至約四萬件，占整體離婚的比例也上升至19.4%（厚生勞動省《人口動態統計》）。

附帶一提，美國的熟年離婚同樣也不斷增加。

根據美國鮑林格林州立大學的蘇珊・布朗（Susan Brown）教授等人的研究得知，一九九〇年到二〇〇〇年，熟年離婚不光倍增，到了二〇一〇年，每四個離婚的人當中，就有一人是熟年離婚[2]。在美國，熟年離婚的規模也已到了無法忽略的程度。

話說，日本的熟年離婚是歷經漫長的時間才做出的結論。可說是**「多年的積怨」**造成的結果。而對熟年離婚的影響展開驗證的，正是圖1。

在這項分析下，採用的是二〇〇五年到二〇一二年，以日本五十～六十六歲的中高齡男女，約十二萬人作為調查對象所得到的數據資料[3]。因為數據資料的緣故，採用的不是幸福度，而是名為K6的一種心理健康指標。所謂的K6，是用來發現有可能罹患憂鬱症或焦慮症等精神疾病的患者，所採取的調查方法，僅由六個項目的提問構成，以回答結果的合計分數來測量心理健康狀況。

這份圖表的參考方法很簡單。如果數值比0小，就表示心理健康惡化，反

圖 1 熟年離婚後的心理健康變化

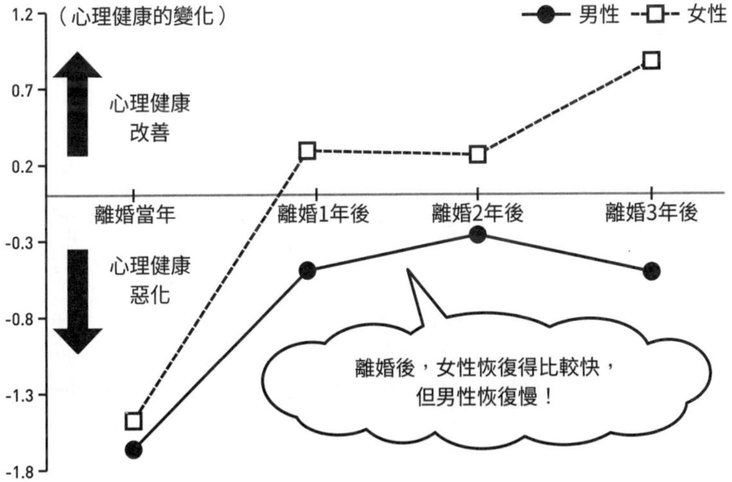

出處：轉載Sato, K（2017） The Rising Gray Divorce in Japan: Who will Experience the Middle-aged Divorce? Does the Middle-aged Divorce Have Negative Effect on the Mental Health? presented at International Population Conference 2017, November 3, 2017的圖表。分析中使用了2005-2012年的《中高年縱向調查》。圖中顯示離婚一年前的心理健康值到離婚後的各個時間點的心理健康值的變化。

之，如果數值比0大，就表示心理健康獲得改善。

看圖1的結果會發現，男女之間的傾向有很大的差異。離婚的影響果然是男性大於女性。以男性的情況來說，儘管離婚三年後，心理健康仍處於惡化狀態。年老後的離婚，對男性來說可說是很難受的一件事。

相對於此，女性的情況從離婚一年後開始，心理健康便會逐漸改善。女性會因為離婚的決定而心情變得輕鬆許多，精神上的健康度也會就此提升。

附帶一提，圖1的結果，就算以統計手法來調整離婚前夫妻的學歷、就業狀態、孩子人數、儲蓄、負債額等影響，結果一樣沒變。

熟年離婚的男女差距

就像這樣，熟年離婚的影響，男性大於女性，但其實影響不光只有心理健康，在其他的社會活動上也一樣。

圖 2 離婚前後參加嗜好、學習活動（圍棋、料理、旅行等）的比例變遷

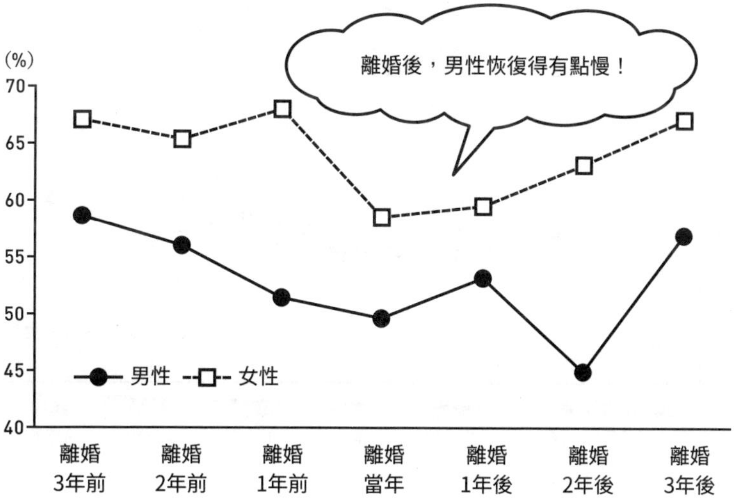

出處：轉載Sato, K（2017） The Rising Gray Divorce in Japan: Who will Experience the Middle-aged Divorce? Does the Middle-aged Divorce Have Negative Effect on the Mental Health? presented at International Population Conference 2017, November 3, 2017的圖表。

圖 3 離婚前後參加地方活動（市民聚會活動等等）的比例變遷

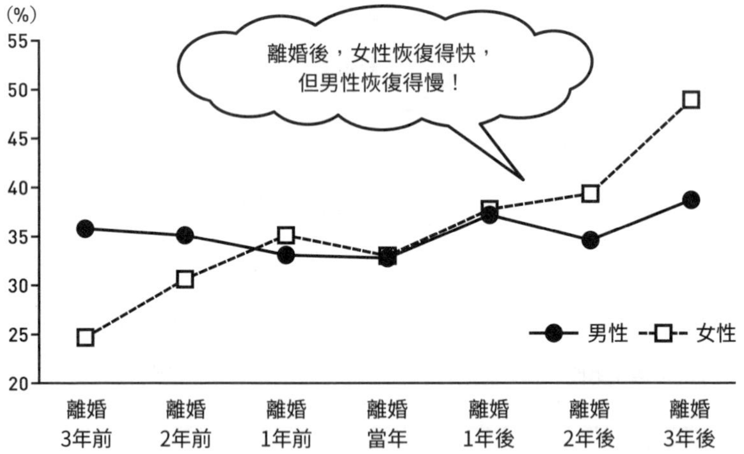

出處：轉載 Sato, K（2017） The Rising Gray Divorce in Japan: Who will Experience the Middle-aged Divorce? Does the Middle-aged Divorce Have Negative Effect on the Mental Health? presented at International Population Conference 2017, November 3, 2017 的圖表。

圖2及圖3，顯示的是熟年離婚前後參加嗜好、學習活動（圍棋、料理、旅行等），或地方活動（例如市民聚會活動）的比例，而男性就算是離婚三年後，參加嗜好、學習活動，或地方活動的比例，都還是沒回到離婚前的水準。

此外，如圖4所示，男性在離婚後，往往參加運動、健康活動（健行、球類運動等）的比例都不高。

離婚後，男性會變得愈來愈孤立，也不太會注意自己的健康，這似乎是實際情況。

相對於此，在圖2及圖3中，女性在參加嗜好、學習活動、地方活動方面，於離婚三年後逐漸改善，已將近離婚前的水準。此外，如圖4所示，離婚兩年後，可看出比離婚前更常參加運動、健康活動的傾向。

以女性的情況來看，可以說在離婚後變得積極向前，與社會的連結以及維護健康的活動都變得更加活絡。

可以看出，男性因熟年離婚而變得更孤獨，相反的，女性則是透過嗜好和運動，拓展社交網路，維持並擴大與人的連結。熟年離婚的男女差距，值

圖 4 離婚前後參加運動、健康活動（健行、球類運動等）的比例變遷

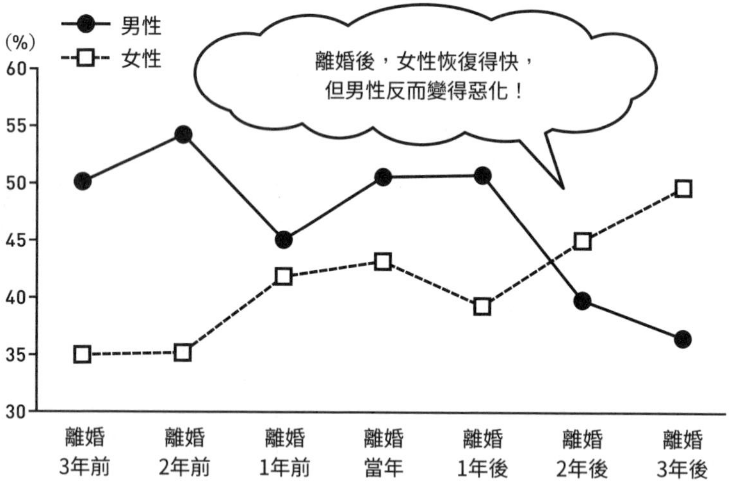

出處：轉載 Sato, K（2017） The Rising Gray Divorce in Japan: Who will Experience the Middle-aged Divorce? Does the Middle-aged Divorce Have Negative Effect on the Mental Health? presented at International Population Conference 2017, November 3, 2017 的圖表。

得注意。

男性遲遲不離婚的原因

如同前面所見，離婚往往對男性的影響較大。這是為什麼呢？

這有兩個原因。一是提議離婚的人主要是妻子，丈夫因為事出突然，很容易大受打擊。根據最高法院的《司法統計年報》，二〇一九年提出的離婚申請，由妻子主動提出的，約占73%。這個傾向近年來沒多大改變。

妻子應該是某種程度已預見了未來，這才提出離婚。實際上，一旦離婚後，會因忙於辦理各種手續及事後處理，而心力交瘁，或許幸福度會暫時降低。因為離婚是自己思考後的決定，預料之後很快就會恢復。

近年來，網路上可取得各種和離婚有關的資訊。只要接觸與離婚有關的手續、該準備的事物、經驗談等各種資訊，便不難想像離婚及之後的生活是什麼情況。對於離婚所帶來的負面影響，這扮演了加以緩和的角色。

相對於此，男性算是被告知要離婚的一方，想必會受到不小的打擊。在毫無準備的情況下，被告知要離婚，就算是成人，恐怕也會感到眼前為之一黑吧。

離婚對男性造成深刻影響的第二個原因，是頓失一切生活相關的援助。前面我也一再提過，日本依然保有很強烈的性別角色分工意識，妻子負擔三餐、洗衣等大部分的家事。離婚後，這些家事男性都得親力親為。一時之間很難因應這樣的狀況，想必生活習慣會為之大亂。這有損身心健康，所以離婚帶來很大的負面影響。

丈夫無法比妻子更幸福

就像日本的例子所示，離婚往往是女性主動提出，可以說是對婚姻生活感到不滿的女性，活用離婚作為「退出戰略」。事實上，澳洲迪肯大學的賈希特・居文講師等人以不同的形式展開研究來加以應證[4]。

論文名稱為**「你無法比妻子更幸福」**。這裡所說的「你」，指的是丈夫。

根據他們的分析得知，一旦夫妻間的幸福度存有差距，就會有很高的離婚率。也就是說，夫妻之間只有其中一方幸福的這種扭曲的婚姻生活，無法長久。

這項結果也採用了英國、德國、澳洲這三個國家大規模的數據資料加以實證，擁有很高的說服力。

這份論文最大的重點，是闡明夫妻要是「某一方」的幸福度很低，便會導致離婚。

這裡所謂的某一方，指的便是**「妻子」**。只有妻子的幸福度比丈夫還低的情況，離婚率會提高。就算丈夫的幸福度比妻子低，離婚率也不會提高。從這個結果來看，我們可以說，妻子對婚姻的不滿，是離婚的關鍵。

看來，離婚主導權果然還是握在妻子手上。

夫妻之間的幸福度有差距，尤其是妻子的幸福度比較低的時候，會導致離婚，這個結果真的很耐人尋味。妻子的幸福度握有離婚關鍵，其背後是因為「提議離婚的人主要是妻子」這個現狀所具有的影響力。在居文講師等人的論文中也指出，在澳洲和德國，主要也都是女性主動提議離婚。情況和日本一樣。

從居文講師等人的研究研判，妻子過得比丈夫不幸福的婚姻生活，不會長久。

這始終都是在英國、德國、澳洲調查得到的結果，日本是否也能套用，這是重點。關於這點，同樣是先進國家的日本，主動提議離婚的也主要是女性，考量到這個特點，我認為日本很可能也是類似的情況。

如果在日本也是同樣情況的話，「妻子相對比較幸福的家庭」，就不容易離婚。

考量到這種家庭的特徵，會想到「妻子握有家中的主導權，備受尊重的夫妻關係」這種情況。因為要是自己的意見和決策都受到尊重，便不會有太大的壓力，也比較少爭執，會促成幸福度的提升[5]。

如果換個說法，那不就是**「妻管嚴的家庭」**不容易離婚嗎？

在「妻管嚴的家庭」下，妻子握有主導權，所以妻子可以愉快地過日子。這個結果造就出妻子的幸福度提升，離婚的誘因低落。

「妻管嚴的丈夫」，有時乍看之下很難給人積極正面的印象，但如果以夫妻之間幸福度差距的結構來看，為了讓婚姻生活可以過得圓滿，這可能是很合理的做法。

雖然不知道日本的家庭，妻管嚴的丈夫占了多少比例，但感覺似乎出奇地多（純屬個人感想）。在這種家庭裡的丈夫，也許憑藉著合理性，或是動物的直覺，而明白讓婚姻生活長長久久的方法。

從經濟學來看兩種離婚的理由

前面都是以發生離婚的情況為前提來談，但話說回來，人為什麼會離婚？

很難想像每個人都是為了離婚而結婚，冷靜細想後，覺得很不可思議。

因此，針對為什麼會發生離婚的情況，我想重新以經濟學的觀點來加以整理一番。

其關鍵是**「意想不到的打擊」**與**「要找到真正最好的結婚對象並不容易」**這兩個因素。

首先，人們應該都是心裡想「如果和這個人結婚，就能得到幸福」，才決定結婚。應該不太可能心裡明明想「我和這個人結婚的話，會很不幸」，卻還決定要結婚。也就是說，大家應該都在心裡盤算過，比起繼續保持單身，結婚比較有經濟上和非經濟上的優點，能得到幸福。

反過來說，離婚可說是在這層關係已無法成立時才發生。換言之，也就是心裡做出判斷，比起繼續過這樣的婚姻生活，恢復單身的優點來得更大，會更幸福。會做出這樣的決定，其背後有兩個重要因素。

一是**「發生了結婚當初無法預料的負面打擊」**。

在長期的夫妻關係下，總會遇上當初結婚時無法想像，或是與想像有出入的事。例如伴侶被降職、降級調職、失業、外遇等。遇到這種情況的人們，想必會很氣憤地心想「我沒聽說有這種事啊！」。這會讓結婚得到的優點大幅減少，成為離婚的導火線。

雖然當初立過誓，不論健康還是生病，都還是會維持婚姻，終身不渝，但**要是因為負面打擊，使得經濟上和非經濟上的優點減少，則離婚便顯得很合理**。就像這樣，離婚是因為引發意想不到的打擊，而對是否該繼續維持婚姻關係重新展開檢討的結果。

離婚發生的第二個主要原因，是**「找尋結婚對象所花的金錢和時間的負擔」**。

這稱作找尋結婚對象的搜尋成本。通常結婚對象的候選人，是透過公司同事或朋友介紹，或是像學校的學長、學弟妹，從貼近自己生活的人們當中去挑選。從身邊的人去挑選結婚對象，是很自然的事。

反過來說，從自己從未去過的國家或地區找尋結婚對象則很罕見。此外，打從一開始就全力活用找尋結婚對象的服務，這種人應該也不多吧。因為這會加重金錢和時間上的負擔。

在此希望各位稍微思考一下，如果用來找尋結婚對象的搜尋成本，小到可以無視它的存在，那就能從全世界去找尋最合適的結婚對象。

在這種情況下，要在從未去過的日本某個地方，或是地球另一端，找出最佳的結婚對象，或許也是有可能辦到的事。

然而，這始終都只是假設。

在現實世界中，不管做什麼事都會伴隨產生金錢和時間的成本。不論是要在日本國內來去，還是要到地球的另一端，都花錢又耗時。換言之，在現實世界裡，就算真的有更適合的對象，但因為搜尋成本太高，無法邂逅，所以才從身邊的眾人當中挑一位最能接受的對象結婚。

說起來，或許算是**「限制下符合現實的最佳答案，就是目前的婚姻」**。

這表示，婚後可能會在某個契機下，遇到比現在的配偶更好的對象。

如果是會做出合理決策的人，這時候就算離婚也一點都不奇怪。從這點來看，離婚有其一定的發生機率，可說是很自然的事。

怎樣的人容易離婚？

話說，雖然知道離婚的發生機制，但實際上，怎樣的人容易離婚呢？從我小時候看的電視劇中，給我一種「離婚＝發生在有錢人的家庭」的印象。雖然經濟富裕，但夫妻的關係冷淡，所以才會離婚，就像這樣的構圖。

對此，同樣在電視劇裡也常看到「離婚＝發生在貧窮的家庭」這樣的場景。面對不認真工作，成天酗酒的丈夫，妻子徹底死心，就此離開家庭，與丈夫離婚的場面。

到底哪個才比較接近實際情況？

以結論來說，是後者。

離婚往往都發生在相對比較貧窮的家庭。具體來說，沒有自己的房子、儲蓄金額少、丈夫所得低，就容易離婚[6]。這是很殘酷的現實，但當然有其證據。

此外，關於學歷，根據普林斯頓大學的詹姆斯．雷莫（James Raymo）教授等人的研究得知，在日本，相較於大學畢業的女性，高中畢業女性的離婚率是其1.6倍，國中畢業的女性則為2.8倍[7]。

國中畢業者的人數在日本並不多，所以這個數字必須打折來看，不過我們可以說，因為學歷的不同，容易離婚的程度也會有明確的差異。

此外，丈夫失業與離婚也有很深的關聯。丈夫失業對家庭而言，是很大的打擊。尤其是以日本的情況來說，丈夫通常都是家中收入的支柱，所以丈夫失業勢必會造成所得降低，家中經濟也會不再像之前那麼寬裕。這會造成家中的壓力增加，也會對夫妻關係造成不良的影響。

就結果來看，丈夫失業的家庭，之後的離婚率往往會提高。

下一頁的圖5簡潔地呈現出這個關係。

這張圖表看的是有配偶者的離婚率與一家之主的失業率之間的關係。這兩個數值的動態非常相似，一家之主的失業率高，離婚率就高。從這張圖也可以得知，離婚與失業有密不可分的關聯。

圖 5 一家之主的失業率與離婚率的關係

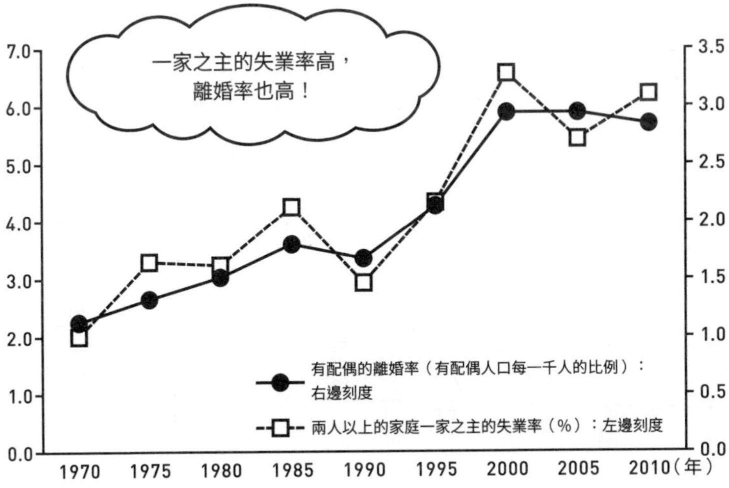

出處：兩人以上的家庭一家之主的失業率：總務省統計局《勞動力調查》、有配偶的離婚率：厚生勞動省《人口動態特殊報告》。此外，這裡提到有配偶的離婚率，指的是根據國勢調查得知的配偶關係——「有配偶」「未婚」「死別」「離婚」當中，以「有配偶」的男女區分，以人口當分母，離婚件數當分子所求得的數率。

從經濟學得知的「不會離婚的類型」

就像前面所介紹的，容易離婚的家庭，可看出一定的傾向，而近年來的經濟學也更進一步深入探討，對我們個人的人格特質與離婚的關係展開分析。

其特徵是「風險容許度」與「忍耐強度」。

所謂的「風險容許度」，表示未來可能產生的變化，能容許到什麼程度。這在經濟學中稱之為**風險規避度**。常在投資行動時會出現。對風險有很高的容許度，容易接受未來變化的人，就愈容易投資股票之類的變動資產。相對於此，對風險的容許度小，喜歡安定勝過變化時，就比較容易選擇儲蓄，而不是股票投資。

簡單來說，這是顯示人們究竟是喜歡變化，還是喜歡安定的指標。

所謂的「忍耐強度」，表示為了將來，現在想做的事能忍耐到何種程度。

這在經濟學稱作**時間折現率**，在說明消費與儲蓄行動時常會出現。

愈懂得忍耐的人，愈能忍住買東西的衝動，而把錢儲蓄下來，把這筆錢用在未來。相對於此，愈不懂得忍耐的人，愈會把錢用在現在想買的東西上，無法替未來省錢。

簡單來說，這是顯示一個人看準未來，現在能忍耐到什麼程度的指標。

「風險容許度」與「忍耐強度」，與離婚有怎樣的關聯？

說到「風險容許度」，已知對風險的容許度小，喜歡安定勝過變化的人，愈不容易離婚[8]。因為他們會擔心離婚後的生活變化、能否找到新的伴侶，想維持現狀（＝維持現在的婚姻生活）。

接下來是「忍耐強度」，已知能展現充分的忍耐力，為了將來而忍耐的人，愈不容易離婚[9]。就算婚姻生活的狀況不佳，但在未來狀況改變，婚姻生活改善之前，他們都會一直忍耐。

就像這樣，**懂得忍耐，希望維持現狀而不想改變的人，不容易離婚**。

「忍耐強度」也會影響結婚對象的條件

話說，「愈是懂得忍耐的人，婚姻生活愈是長久」這樣的結果，算是很理所當然。而實際上，這種例子很常見，而且如果只是這樣的話，實在沒什麼意思對吧。

其實「忍耐強度」逐漸以別的形式，與離婚產生關聯。接下來正是它有意思的地方。

在挑選結婚對象時，「忍耐強度」就已產生影響，撒下會造成離婚的種子。所以「忍耐強度」在很早的階段就已經造成影響。

其背後的邏輯如下。

首先，每個人的「忍耐強度」與找尋結婚對象的時間有關。愈能忍耐的人，愈能仔細挑選結婚對象。因此，找尋結婚對象的時間往往會拉長。

相反的，愈是不能忍耐的人，愈不能仔細找尋結婚對象，往往會提早結束找尋。想要提早結束找尋結婚對象，就只能放寬要求對象的條件。因為要是仍舊將要求對象的條件設得很高，則只有少數幾人能成為候補人選，最後可能無法結婚。

因此，愈是不能忍耐的人，愈會將要求結婚對象的條件調低，增加候補人選的人數，從中挑選對象，採取這種結婚方法。這樣的結果，不能忍耐的人未必能和適合自己的對象結婚。這會拉低結婚的優點，造成日後的離婚。

「忍耐強度」耐人尋味之處，可不光只有這樣。

關西學院大學的池田新介教授在他的著書中指出，「忍耐強度」與肥胖、有無欠債、抽菸、喝酒、賭博的習慣有關[10]。

不能忍耐的人，肥胖度高，欠債的比例也高。此外，不能忍耐的人，有很高的比例會有抽菸、喝酒、賭博的習慣。現在能否為了將來而忍耐，這就是忍耐強度，而不能忍耐的人，比起擔心事後發福，他們更重視當下能享受美食。欠債也是一樣，就算日後得還錢，他們還是很重視能買到當下想要的東西。抽菸、喝酒、賭博的背後也是同樣的邏輯。

而這些主要因素，都與自己在結婚市場下的條件有緊密的關聯。一般來說，愈是肥胖、有欠債的人，在結婚市場下的魅力愈低。而重度的抽菸、喝酒、賭博等習慣也是一樣。

換言之，可以看作是**沒有忍耐力的人，在結婚市場下欠缺魅力**。

因此可以預見，這樣要在結婚市場找到適合的好對象，相對顯得比較困難。此外，與不適合的對象結婚，會是日後引發離婚的原因之一。

就像這樣，「忍耐強度」會透過自己在結婚市場下的魅力或結婚對象的條件，而對是否會離婚產生影響。

結婚對象是映照出自己的一面鏡子

整理前面說過的話，或許我們可以說**「結婚對象是映照出自己的一面鏡子」**。

因為結婚對象反映出「我擁有怎樣的條件」、「我能容許何種程度的風險」，以及「我的忍耐力有多強」。

自己擁有很高的條件時，在結婚市場中就會被視為有價值的對象，與人邂逅的機會也會增加。也可能從眾多的邂逅中，與適合自己的好對象結婚。相反的，如果自己的條件低，在結婚市場中的邂逅就少，可能都遇不到適合的好對象。

如果對風險的容許度大，就會心想「我可能會遇到比現在更好的對象」，也會對結婚時間延後作好心理準備，持續找尋對象。相反的，如果對風險的容許度小，就會心想「要是我找不到下一個對象怎麼辦」，而提早採取行動，與人結婚。

如果是能忍耐的人，對要求對象的條件不會妥協，會一直等到遇見條件好的對象為止。相反的，如果是不能忍耐的人，則會放寬要求對象的條件，而提早結婚。

全部反映出這些主要因素的，正是現在的結婚對象。

這正好可說是反映自己的一面鏡子，不是嗎？

歸納

本章介紹了「離婚與幸福」相關的各種研究，內容的要點歸納如下。

①女性確實在離婚後幸福度會降低，但降低只是暫時，之後有恢復的傾向。相對來說，離婚會對男性帶來較大的影響。

②夫妻間的幸福度有差距，尤其是妻子的幸福度較低時，會促成離婚。因此，「妻管嚴」的丈夫展現的行動，可說是讓夫妻關係保持圓滿，令人意外的好策略。

③人們離婚的背後，是受到「發生了當初結婚時意想不到的負面打擊」與「找尋結婚對象時所花費的金錢和時間上的負擔」所影響。

④家庭的經濟狀況相對貧窮，愈有容易離婚的傾向。此外，對風險的容許度高，重視現在的利益更勝於未來，不能忍耐的人，容易離婚。

⑤結婚對象反映出「自己擁有怎樣的條件」、「自己能容許何種程度的

風險」，以及「自己的忍耐力有多強」，所以可說是反映出自己的一面鏡子。

第六章

人生會因為「家人扭蛋」而改變嗎

兄弟姊妹的構成與幸福的經濟學

家庭構成會影響人生嗎？

我們人類受各種事物的影響而成長。而家庭構成，可說是這當中會帶來很大影響的主因之一。

家庭構成會對孩子的成長帶來莫大的影響，過去在經濟學上也對此做過各種分析。例如單親媽媽的家庭。因離婚而變成單親媽媽的家庭，其孩子的學業、成長後的學歷、所得水準等等，都進行了驗證[1]。此外，在國外，同性伴侶的孩子與異性伴侶的孩子，在行動方面是否會有差異，這點也進行了驗證[2]。

除此之外，近年來備受矚目的是**「兄弟姊妹的組合」**。在此所說的「兄弟姊妹的組合」，指的是孩子有兩個人以上的情況下，全都是同性，或者包含了異性。

對有孩子的父母來說，有幾個孩子，在某種程度下是自己能掌控的，不過，孩子的性別無法掌控。想生男孩，生下的卻是女孩，這種情況很常見，而男孩女孩都想要，卻偏偏兩個孩子都是同樣的性別，這種情況也很常有。

就像這樣，要掌控孩子的性別並不容易，如果要比喻的話，就像玩扭蛋一樣，有一部分是靠機率來決定。

孩子性別的組合無法掌控，這是否會對孩子往後的人生（所得水準、職業種類、在高等教育機構裡的專長、會不會結婚、有沒有孩子、配偶的特徵）帶來影響，令人很感興趣，以先進國為主，持續展開分析中。

讀者當中或許有人會心想「咦！和這種事有關係嗎？」，應該也有人會產生疑問，覺得「如果有關係的話，這是為什麼？有怎樣的背景？」。

本章想針對無法掌控的孩子性別對孩子往後的人生會造成的影響，用最新的研究案例來加以說明。

有弟弟的長女vs有妹妹的長女

持續推動這項研究的，是丹麥。在丹麥的研究中，特別關注的是第一個孩子是女孩（長女）的情況。第二個孩子是男孩（弟弟）還是女孩（妹妹），對長女日後的人生會帶來什麼變化，針對這點進行了驗證。

長女和長男的組合，以及長女和次女的組合，在日本也很常見，但在這兩種模式下，會產生怎樣的差異呢？

對這點展開分析的，是蘇黎世大學的安．阿爾迪拉．布雷諾助理教授[3]。這項研究採用一九八〇～二〇一六年丹麥政府的行政資料，而且竟然是以丹麥全體國民作為分析對象。話雖如此，丹麥是總人口約五百八十六萬人的小國，所以最後作為分析對象的長女樣本，大約只有十萬人。

此外，日本人對丹麥這個國家比較陌生，它位於德國的正上方，瑞典的左邊，國土不大，約日本的九分之一。

不過，他們男女間的差距比日本小，向來將男女間的差距大小轉化為指標的世界經濟論壇，在他們提出的性別落差指數中，丹麥排名第二十三（二〇二三年）。附帶一提，日本在二〇二三年的排名是第一百二十五名。丹麥可說是男女落差遠比日本來得小的國家。

話說，採用丹麥數據資料分析的結果，得知了什麼事實呢？根據布雷諾助理教授的分析，有弟弟或妹妹的長女，在學業、工作、家庭方面，會有差異。

首先來看學業方面，有弟弟的長女，專攻ＳＴＥＭ（科學、技術、工程、數學）領域的比例，會比一般低7.4%左右。這可以說，有弟弟的長女，學習文科的比例比理科來得高。

接著看工作方面，與有妹妹的長女相比，有弟弟的長女其職場上的男性比例會低1.2%左右，在ＳＴＥＭ領域工作的比例會低7.3%左右。換言之，有弟弟的長女，長大後工作職場裡的男性比例，以及在理工、數學類的領域工作的比例都不高。

此外，當長女有伴侶時，其伴侶工作的職業種類裡的女性比例，有弟弟的長女同樣會低2%左右。有弟弟的長女，其伴侶往往都在女性比例較低的職場工作，反過來說，往往是在男性比例偏高的職場裡工作。

就所得來看，有弟弟的長女，其三十多歲時的年收會低2%左右。這種負面影響，在生下第一個孩子後，有逐漸擴大的傾向。附帶一提，在美國也有針對長女的年收做比較的研究，有弟弟的長女年收會低7%左右。

再來看結婚、生產方面，有弟弟的長女與有妹妹的長女，看不出什麼差距，但有弟弟的長女同居的比例往往較低。

整理以上的結果後得知，與有妹妹的長女相比，有弟弟的長女其職場上的男性比例，以及在STEM的領域專攻或工作的比例都比較低。此外，年收也比較低。而且有弟弟的長女，其伴侶往往是在男性比例較高的職場工作。

如同這些結果所示，我們可以說，**有弟弟的長女比較容易選擇有特色的學業和職業**。

這種效果的負面，人稱**「弟弟的懲罰」**。我們可以說，在丹麥和美國有弟弟的懲罰存在。

為什麼會有弟弟的懲罰發生?

弟弟的懲罰的發生背景，有以下兩個因素。

第一個是**「父母的行為模式改變」**。

在「長女和弟弟」與「長女和妹妹」的組合下，父母對待孩子的方式會產生變化。

因為在這樣的背景下，父母往往比較會和跟自己同性別的孩子共處。

舉例來說，如果是男孩，到了一定的年齡後，常會從事棒球或足球之類的運動，但這種活動向來都是父親參與，而不是母親。

此外，如果是女孩，隨著年紀成長，會開始對打扮、化妝感興趣，但這類的活動大多是和母親一起從事吧。

就像這樣，「父親找兒子」、「母親找女兒」，以這種搭配相處的時間會比較多，所以如果是「長女和弟弟」的情況，更會受到同性的父母影響。孩子會在這種情況下學習各種行動、思維，以及社會規範。

就結果來看，比起「長女和妹妹」的組合，「長女和弟弟」的組合擁有更傳統的性別角色分工意識。

也就是說，在「長女和弟弟」的搭配下，會很在意「男性＝工作、女性＝

家事、育兒」的這種想法，而容易依照這樣的想法採取行動。

第二個原因是**「因為身邊有異性在，會造成孩子的行為模式改變」**。

根據許多心理學的研究，孩子往往會透過自己與兄弟姊妹的差異，來獲得個人特色[4]。其中，有異性兄弟姊妹的情況下，有時會依照自己的性別採取應有的行動和態度，就此獲得個人特色[5]。

例如在有弟弟的情況下，推測長女的行為模式會變得**「要更有姊姊的樣子、要像個女生」**。與有妹妹的情況不同，如果有弟弟，就會更強烈意識到自己的性別。

就像這樣，長女的行為模式會因為底下是妹妹或弟弟而有所不同。

在「長女搭配弟弟」的情況下，比較容易採取符合自己性別的行動，這會促成長女擁有傳統的性別角色分工意識。

整理前面提到的內容後發現，在「長女搭配弟弟」與「長女搭配妹妹」的情況下，長女所面對的情況有所不同。

「長女搭配弟弟」的情況，不光只是和母親相處的時間會增加，也會意識到自己的舉止要像個女孩。因此，在「長女搭配弟弟」的情況下，長女容易抱持傳統的性別角色分工意識。

以結果來說，有弟弟的長女，容易順著傳統的性別角色分工意識來選擇學業和職業。

具體來說，在學業方面，比較容易選擇文科，而不是理工科，而在職業方面，比較會選擇女性比例比男性高的職業種類。此外，這些職業種類往往所得水準相對較低，所以所得也會比較低。

有弟弟的長女，年收會少16%

丹麥和美國可以說有弟弟的懲罰存在，但在日本又是如何呢？在此，我想介紹一個採用日本數據資料的驗證案例。

用來分析的，是慶應義塾大學的《慶應義塾家庭收支面板調查》。這項資料是以二〇〇四～二〇一八年間，二十～五十歲的女性（長女）當分析對象。

充當分析對象的人數合計約兩千人。

在這項分析中，首先驗證的是，有弟弟的長女是否擁有傳統的性別角色分工意識。圖1是以有妹妹的長女與有弟弟的長女，來比較何者比較贊成傳統的性別角色分工意識。在此，以是否贊成「應該是男主外，女主內」，來測量其性別角色分工意識。

圖1顯示，有弟弟的長女，約有高出5%的比例贊成「應該是男主外，女主內」。5%實在稱不上什麼多大的差距，但我們可以說，兄弟姊妹的構成確實會影響長女的性別角色分工意識。

接著，圖2比較有妹妹的長女與有弟弟的長女的年收。從這張圖表可以明顯看出，有弟弟的長女年收較低。其差距是三十四萬日圓，以比例來看，有弟弟的長女年收少了約16%。附帶一提，在丹麥，有弟弟的長女年收大約少了2%，美國則是少了約7%，所以我們可以說，在日本，對有弟弟的長女年收，所造成的負面影響偏大。

圖 1 因第二個孩子的性別，造成贊成「應該男主外，女主內」的比例不同

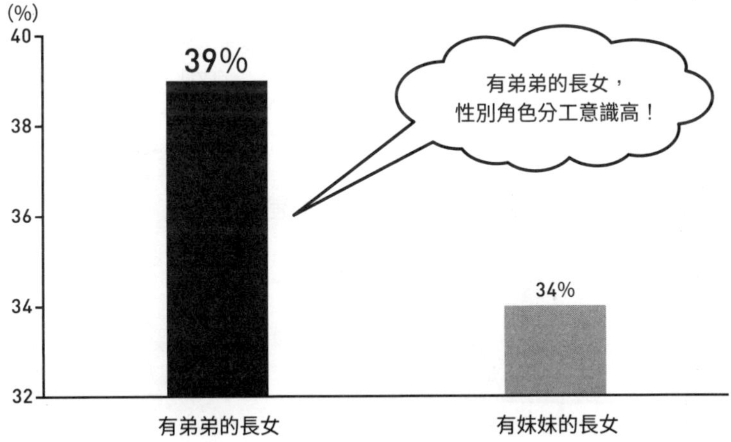

出處：佐藤一磨（2022）〈有弟弟的長女與有妹妹的長女，是否會在就學、就業、薪資、家庭構成上產生差異〉，PDRC Discussion Paper Series, DP2021-010。分析對象為五十九歲以下的女性（長女），有弟弟或妹妹。此外，圖中的數值顯示的是贊成「應該男主外，女主內」的比例。

圖 2 因第二個孩子的性別，造成長女年收的差異

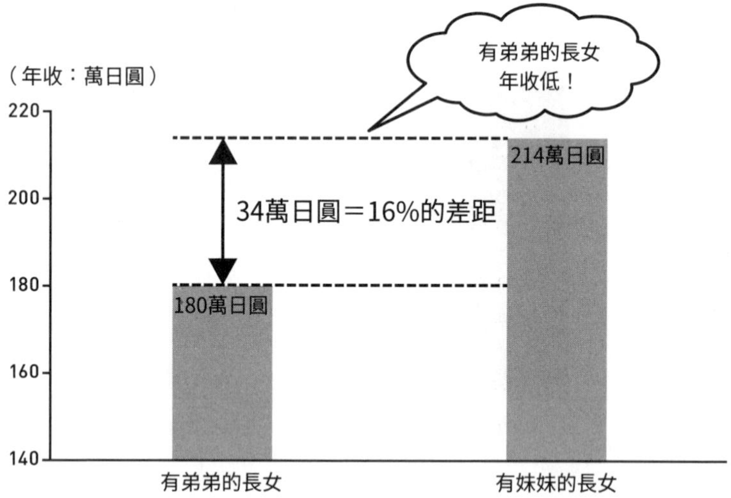

出處：佐藤一磨（2022）〈有弟弟的長女與有妹妹的長女，是否會在就學、就業、薪資、家庭構成上產生差異〉，PDRC Discussion Paper Series, DP2021-010。分析對象為五十九歲以下的女性（長女），有弟弟或妹妹。圖中的數值顯示從工作獲取的年收平均值。

圖3是以有妹妹的長女和有弟弟的長女，當正職員工的比例與當家庭主婦的比例所做的比較。

從這張圖表得知，有弟弟的長女當正職員工的比例低，而當家庭主婦的比例高。有弟弟的長女比起當工時長的正職員工，更容易選擇當在家時間長的家庭主婦。此外，非正職員工的比例及自營業的比例，無法確認有妹妹的長女與有弟弟的長女之間的差距。

圖4是比較有妹妹的長女與有弟弟的長女已婚的比例，以及有孩子的比例。從這張圖表可以看出，雖然有些微差距，但有弟弟的長女在已婚的比例及有孩子的比例上比較高。

此外，圖5是有妹妹的長女與有弟弟的長女在家事、育兒時間上的比較，有弟弟的長女往往用在家事、育兒上的時間比較長。

圖 3 第二個孩子的性別造成長女的就業形態差異

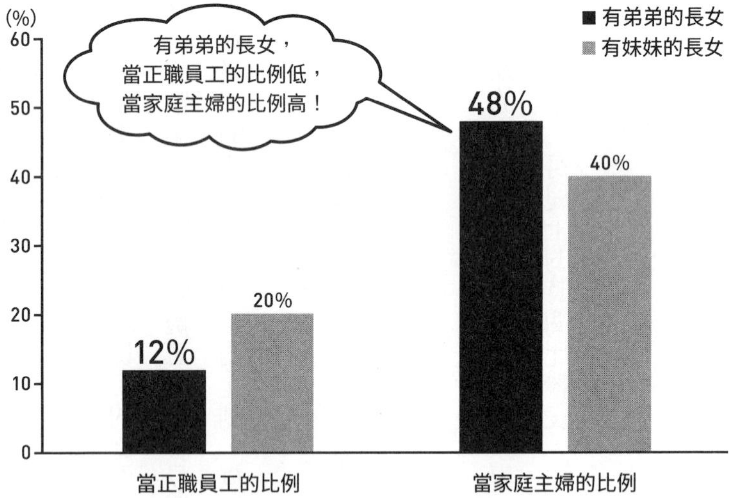

出處：佐藤一磨（2022）〈有弟弟的長女與有妹妹的長女，是否會在就學、就業、薪資、家庭構成上產生差異〉，PDRC Discussion Paper Series, DP2021-010。分析對象為五十九歲以下的女性（長女），有弟弟或妹妹。

圖 4 第二個孩子的性別造成家庭構成的差異

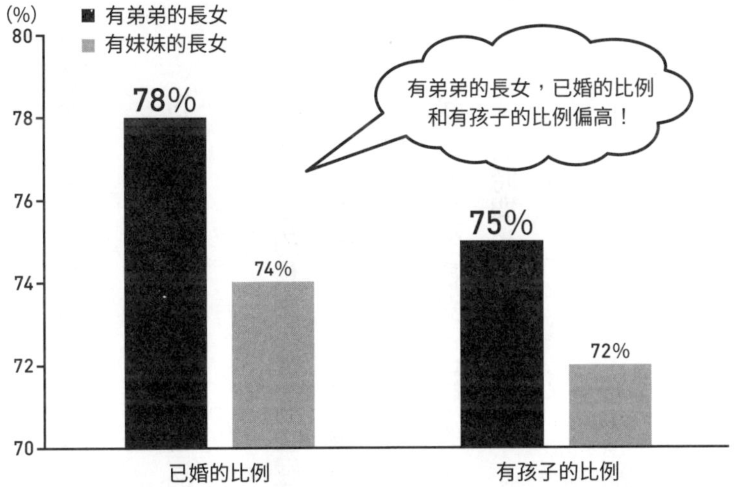

出處：佐藤一磨（2022）〈有弟弟的長女與有妹妹的長女，是否會在就學、就業、薪資、家庭構成上產生差異〉，PDRC Discussion Paper Series, DP2021-010。分析對象為五十九歲以下的女性（長女），有弟弟或妹妹。

圖 5 第二個孩子的性別造成每天用在家事、育兒上的時間差異

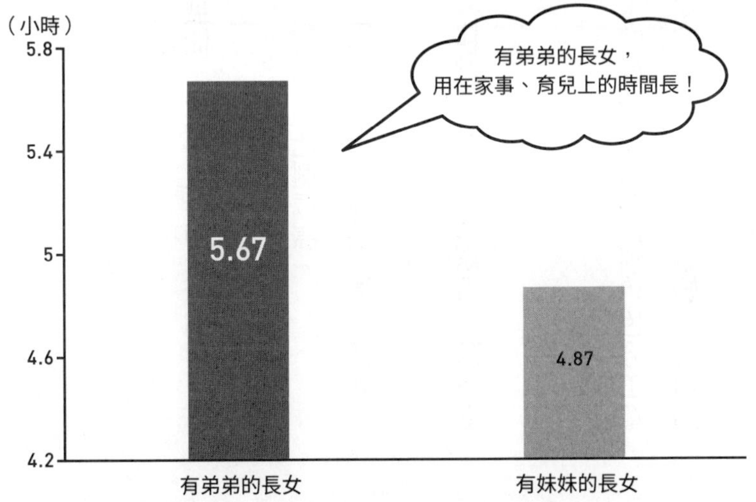

出處：佐藤一磨（2022）〈有弟弟的長女與有妹妹的長女，是否會在就學、就業、薪資、家庭構成上產生差異〉，PDRC Discussion Paper Series, DP2021-010。分析對象為五十九歲以下的女性（長女），有弟弟或妹妹。圖中的數值顯示的是每天用在家事、育兒上的時間平均值。

日本也有弟弟的懲罰存在

以上針對日本是否也有弟弟的懲罰存在，展開了驗證，其結果歸納如下。

①有弟弟的長女，贊成「應該男主外，女主內」的比例偏高。

②有弟弟的長女，當正職員工的比例低，當家庭主婦的比例高。此外，年收也比較低。

③有弟弟的長女，已婚的比例和有孩子的比例偏高，用在家事、育兒上的時間也比較長。

從以上的結果來看，有弟弟的長女，在日本同樣強烈受到性別角色分工意識的影響，比起當正職員工，更容易選擇當在家時間較長的家庭主婦，這項結果使得她們收入也比較低。

從這個結果，我們可以說，**「日本一樣有弟弟的懲罰存在」**。

重新轉生當長男，人生會就此改變嗎？

前面我們看了無法人力掌控的孩子性別組合對孩子往後人生的影響，不過，如果從孩子的觀點來看，「出生的排序」同樣也無法選擇。或許有人會認為，「不管出生的排序為何，人生應該都不會有多大的改變吧？」，但其實這對人生的影響出奇的大。

出生排序這個話題，在日本特別吸引大家興趣和關注的，是**「是否以長男的身分出生」**這點。

在日本等深受儒教影響的東亞各國，大家一直都很關心出生排序（第幾個出生）。因為人們認為，出生排序不光會影響來自父母的教育投資，也會影響住處和工作。此外，在東亞地區，家中有重男輕女的傾向。

在過去日本「家庭」的制度下，一般往往都只有長男能繼承家業和財產。在第二次世界大戰前的舊民法中有明文規定，如果一家之主亡故，原則上是由長男繼承一切遺產，當時採用這樣的制度。在這種情況下，像次男、長女這些長男以外的孩子，無法繼承遺產。

這項民法在二次世界大戰後修法，但有人指出，重視長男的傾向仍舊以農村為中心，一直存續至今。當然了，現在都已經進入令和了，重視長男的傾向已減弱許多，但那些出生在昭和或平成初期的人們，應該在生活中都真切感受過這樣的傾向吧。

綜合以上幾點來思考，在男孩當中，對長男特別寄予厚望，應該是不難想像的事。在教育方面，可能也會對長男特別加重投資。這想必都會對所得帶來正面影響吧。

不過，長男也相對得負起繼承老家的責任，所以非得在住家周邊的地區工作不可，就算有高所得的工作，可能也會因為移動限制而無法從事。這想必會對所得帶來負面影響吧。

就像這樣，在日本身為長男，在學歷和所得方面會有正負兩種影響。到底哪一邊的影響比較大呢？

長男的學歷和年收都偏高的「長男附加價值」

關於長男的學歷和年收，政策研究大學院大學的藤本淳一教授等人展開研究[6]。在這項研究中，採用二〇〇〇年到二〇一二年間的日本版綜合性社會調查（JGSS）的數據資料，顯示出偏向近年來的狀況。

研究中顯示出與學歷有關的兩個耐人尋味的分析結果。

第一，在學歷方面有**「長男附加價值」**的存在。第一個孩子是男孩時，會有受教育的年數增長的傾向。對於在都市和農村是否有差異也做了驗證，但沒查出有明確的差異。

這令人有點意外，不過，在日本不管是什麼地區，可說都有學歷方面的「長男附加價值」存在。

第二，兄弟姊妹的人數愈多，孩子受教育的年數就愈低。與性別無關，兄弟姊妹人數愈多，花在每個人身上的教育費用就愈低。結果確認，只要兄弟姊妹的人數多，往往會有孩子的學歷偏低的傾向。

這項結果的重點，是以平均來看，如果想提高孩子的學歷，就必須限制孩子的人數。這暗示著，必須限制孩子人數，增加每個孩子的教育投資量，提高孩子的學歷，採取這樣的策略。

另外，從這個結果我們得知，當孩子需要的教育費增加時，就勢必得減少孩子的人數。目前在日本以都市為主，參加明星國中入學考的孩子愈來愈多，這使得教育費增加。推測這和孩子的人數減少有關。

關於年收，已證明長男的年收高出約 4.4%。和學歷一樣，都市與農村看不出差異。

我們可以說，在年收方面同樣有「長男附加價值」的存在。

如同前面所看到的，在日本身為長男，在學歷和年收方面都會有正面的影響。那麼，在國外又是如何呢？

看國外的研究會發現，比起「是否為長男」，「在兄弟姊妹間的出生排序」更吸引人們的興趣和關注。

歸納分析結果後得知，在美國、英國、挪威、瑞典等先進國家，孩子的出生排序愈後面，學歷愈低，明顯有這樣的傾向[7]。推測是因為出生排序愈早，與父母相處的時間愈多，確定能保有某種程度的教育投資。

而根據一項採用歐洲十四國數據資料所做的研究得知，出生排序的影響，還會透過這一代，影響下一代孩子的學歷[8]。

如果是第一個出生的孩子，不光自己的學歷高，往往其孩子的學歷也高。此外，這方面的影響，女性比男性來得強，身為長女的母親所生的女兒，學歷會比排行不是老大的母親所生的女兒來得高。

「在兄弟姊妹間的出生排序」這種自己無法掌控的因素，竟然會影響到下一代，這個結果引人深思。

如何避免「扭蛋」造成的不公平

如同先前的分析結果所示，因為出生排序這種自己無法操控的因素，會在學歷或所得上產生差距。其背後也受到父母心態的影響，因為在分配家中有限的教育資源時，會不自主地多分配一點給老大。

說到對此的因應之道，由於在家庭內有其困難面，所以政策的介入是可行的手段。具體來說，可用像教育費用全免等方法來減輕家庭的教育負擔。

如果能實現這點，像「因為老大上私校，底下的弟弟妹妹如果不念公立學校可就傷腦筋了」這種限縮選項的案例應該也會隨之減少吧。

此外，有弟弟的長女和有妹妹的長女，在學業、工作、家庭方面會產生差距。其背後是因為在大部分的社會中，性別角色分工意識依舊有很強烈的影響。前面我們談到性別角色分工意識帶來的各種弊害，而弟弟的懲罰也算是一種。

為了因應弟弟的懲罰，對於它形成原因之一的性別角色分工意識，愈來愈需要加以改變。在日本，性別角色分工意識的存在，是與少子化關係密切的大病灶，必須讓整個社會的意識都進行更新。

歸納

本章介紹了與「家庭構成會對孩子的人生造成的影響」有關的各種研究，其內容的要點歸納如下。

①有弟弟的長女與有妹妹的長女，在學業、工作、家庭方面會產生差異。有弟弟的長女，長大後工作職場的男性比例，以及專攻STEM領域或是在這領域工作的比例偏低。此外，年收也比較低。這些負面影響稱作弟弟的懲罰。

②在日本，有弟弟的長女贊成「應該男主外，女主內」的比例和當家庭主婦的比例都很高，而當正職員工的比例和年收都比較低。從這樣的

結果來看，我們可以說，在日本一樣有弟弟的懲罰存在。

③弟弟的懲罰其實是受到「父母的行為模式改變」和「因為身邊有異性在，造成孩子的行為模式改變」影響。

④在日本，長男的學歷高，年收也高。這些正面的影響，稱作長男附加價值。

第七章

為什麼
日本男性的幸福度低？

男女與幸福的經濟學

男女的幸福度有怎樣的改變？

許多事物會隨著時代而改變。

筆者小時候，沒手機，也沒網路，主要獲取資訊的來源是電視和書本。而說到遊戲機，主要是任天堂和超級任天堂，還記得我小五那年推出SEGA Saturn。

而現在只要使用智慧型手機，就能獲取各種資訊。而遊戲機也有許多種類，畫質美得驚人。

就像這樣，許多事物隨著時代在改變。

男女周遭的環境也不例外。以女性來說，與以前相比，結婚生產後工作的人確實比以前多，在社會上有活躍表現的場面增加了。以男性來說，與以前相比，不再是往工作一面倒，也慢慢會參與家事和育兒。就像這樣，社會上男女的角色逐漸在改變。

這時候會產生一個疑問，「日本男女的幸福度有怎樣的改變？」。**是否因為受到各種時代改變的影響，日本的男女變得更幸福呢？**還是說，情況剛好相反？

本章想針對「男女的幸福度變遷」相關的研究進行介紹。

就算改善環境，幸福度依舊下降的「悖論」

關於男女的幸福度有怎樣的改變，這點歐美各國也很關心，並持續推動研究。

當中，密西根大學的貝特西・史蒂文森（Betsey Stevenson）教授和賈斯汀・沃爾弗斯（Justin Wolfers）教授展開了耐人尋味的分析[1]。

他們依照美國的男女來區分，分析其幸福度的變遷，得知自一九七〇年代起，男性的幸福度沒什麼大變化，但相對的，女性的幸福度卻有降低的趨勢。

這個結果顯示，美國的女性與男性相比，近年來變得愈來愈不幸福。其實女性幸福度降低，在歐洲各國也是開始受到觀察的一種現象。

想到歐美各國女性周遭的環境變化，「女性的幸福度降低」這個狀況實在令人感到驚訝。因為女性周遭的環境一直隨著時代而逐漸改善中。

男女間的學歷、薪資、勞動參與率、家中的家事、育兒投注的時間差距，都有縮小的趨勢。這些指標每個都意謂著女性在家庭內外的地位逐漸提升。

但女性的幸福度卻依舊降低。

就像這樣，女性的周遭環境與幸福度背道而行的情況，稱作**「幸福悖論」**。

史蒂文森教授與沃爾弗斯教授指出，會產生「幸福悖論」的原因，可能是隨著①無法用數據資料測量的重要社會經濟要素的變化，或是②女性周遭環境的變化，會對女性的幸福度造成影響的構成要素也產生了變化。

這時產生一個疑問，那就是日本是否也對「幸福悖論」展開觀察呢？

日本的女性幸福度並未降低

以日本的情況來看，比歐美各國略微複雜。

在日本，男女之間學歷、薪資、勞動參與率、家中的家事、育兒投注的時間差距，同樣也有縮小的趨勢。可以說女性周遭的環境也隨著時代在改善中。

但日本家庭內外的男女差距，還是比歐美各國來得大。

此外，「男性＝工作、女性＝家事、育兒」的這種性別角色分工意識還是很強烈，存在著看不見的男女差距。這都成為嚴峻的阻礙，儘管女性投入社會，但家事、育兒偏向由女性負擔的結構仍在。

考量到這些狀況，「日本女性的幸福度隨著時代產生怎樣的改變」這個問題，顯得格外耐人尋味。

實際情況究竟是怎樣呢？

我們看與日本女性幸福度的變遷有關的研究，得到的結論是**「女性的幸福**

度並未降低」。

舉例來說，針對二〇〇〇年到二〇一〇年的日本男女幸福度變遷展開分析的國際醫療福祉大學的光山奈保子副教授，與國際協力機構緒方貞子和平開發研究所的清水谷諭上級研究員，他們的研究指出「女性的幸福度正緩緩上升」[2]。

此外，我針對二〇〇三年到二〇一八年的日本男女幸福度變遷進行分析研究，得到的結論是「日本女性的幸福度，在這段期間沒多大的變化」[3]。

這兩項研究的結果有些許差異，但我們可以說，**日本從二〇〇〇年代以後，女性的幸福度並沒有降低的趨勢**。這項結果與美國不同。可能是美日之間女性幸福度的趨勢走向不同。

不管怎樣，日本都沒對「幸福悖論」展開觀察。這個動向與歐美各國的趨勢不同，但女性整體並未感到不幸，所以這反而可說是很好的動向。

日本男性的幸福度降低

那麼，接下來，日本男性的幸福度又是如何變遷呢？其實男性的幸福度與女性不同，經歷了很大的變化。

我和剛才的女性分析採用同樣的數據資料進行分析後的結果，顯示出二〇〇三年到二〇一八年的男性幸福度，**「有明確的降低趨勢」**。日本男性的幸福度平均值原本就比女性來得低，這個趨勢先前就已確認過，不過，因為男性幸福度的降低，使得男女間的差距就此擴大。

附帶一提，縱觀全球，男性的幸福度向來都比女性低，但日本男性與女性的幸福度差距，在全世界中被歸類為差距較大的一方[4]。而在幸福度方面，女性也比男性更占優勢。

下頁的圖1，便是實際觀察幸福度的男女差距隨著年代的改變。在這張圖表中，會調整年齡、學歷、家庭所得、家庭構成等個人屬性的影響，來看幸福

圖 1 幸福度的男女差距隨年代的變化

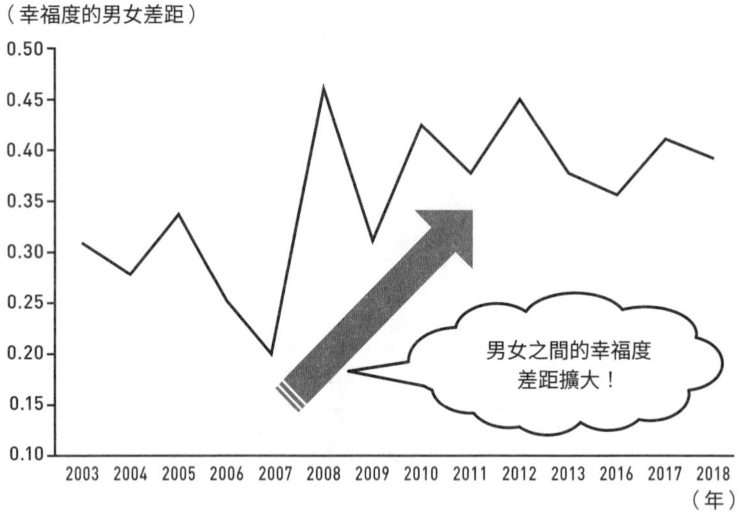

出處：轉載佐藤一磨（2022）〈從2000年代前半到2010年代後半，女性的幸福度是如何變遷〉，PDRC Discussion Paper Series DP2022-001的圖4。此外，圖中的數值顯示幸福度的男女差距。藉由回歸分析來調整年齡、學歷、就業狀態、家庭所得、家庭構成的影響。

度的男女差距變遷。

看這張圖表的方法很簡單，數值大就表示幸福度的男女差距擴大。以二〇〇三年為基準，折線圖緩緩往右上邊上揚，因此可以說幸福度的男女差距略微有擴大的趨勢。

在二〇〇三年到二〇一八年間，日本幸福度的男女差距有擴大的趨勢，但是否所有男女都受到同樣的影響呢，其實不然。

如果詳細分類的話，可分成男女差距嚴重擴大的族群，與沒什麼擴大的族群。

實際以年齡、學歷、配偶狀態、有無孩子來分類的話，男女差距嚴重擴大的，是**「三十五～四十九歲」**、**「大學畢業」**、**「未婚」**、**「有孩子」**的情況。

這些族群的幸福度男女差距之所以會擴大，其主要原因都是**「男性的幸福度降低」**。

高齡未婚&育兒期的男性，幸福度低

這裡令人感到在意的，是未婚和有孩子的情況。因為說到未婚和有孩子的情況，還是會因為年齡而使得面對的狀況有所不同。

舉例來說，如果是比較年輕的未婚人士，就能自己決定如何使用金錢和時間，未必會處在幸福度低的狀況下。相對的，如果是高齡的未婚人士，尤其是男性，會有社交孤立的情況，所以很可能會幸福度降低。此外，如果有孩子，在育兒期會承受金錢和肉體上的沉重負擔，可能會對幸福度造成強烈的負面影響。

就像這樣，因為年齡層不同，未婚人士與有孩子的人們所面對的狀況也不同。為了確認這點，將未婚男性與有孩子的男性分成未滿五十歲與五十歲以上這兩個族群，來分析幸福度的變遷。

結果得知，幸福度降低特別明顯的，是**「五十歲以上的高齡未婚男性」**與

「四十九歲以下有孩子的男性」。

高齡未婚男性與處於育兒期的男性，其幸福度特別低，結果造成男女之間幸福度的差距擴大。

高齡未婚男性與育兒期的男性幸福度偏低的原因，可以想出幾個可能性。

首先是高齡未婚男性，推測以沒和家人同住，自己獨居的情況比較多。而且有人指出，獨居老人容易陷入社交孤立的情況，往往幸福度也會比較低[5]。

根據總務省的《國勢調查》，六十五歲以上的獨居高齡男性，在二〇〇〇年約有七十四萬人，但在二〇一五年，增加為兩倍以上，達一百九十二萬人。就像這樣，幸福度降低的高齡未婚男性，在日本大幅增加。

接著是育兒期的男性，其幸福度降低的原因，可以想到兩個可能性。

一是育兒的經濟負擔增加。有可能在低經濟成長的背景下，所得成長緩慢，非正職受雇的情況增加，使得家庭經濟狀況惡化，養育孩子的負擔加重。現今的日本，所得成長緩慢，育兒的金錢負擔重重地壓在肩上，有可能就此拉低了幸福度。

二是育兒的時間上和肉體上的負擔增加。有可能因為雙薪家庭增加，以年輕年齡層為主，育兒的負擔加重，要兼顧工作和家庭使得負擔增加，結果造成幸福度降低。雖然得努力工作，但家事、育兒的負擔也不斷增加。過去女性扛起的負擔，現在男性慢慢也扛在肩上，這可能都會造成幸福度下降。

將前面提到的內容做一番整理會發現，在日本二〇〇三年到二〇一八年間的幸福度變化中，特別引人注目的不是女性，而是**「男性幸福度的下滑」**。當中備受矚目的是高齡未婚男性與處於育兒期的男性。由於未婚率和雙薪家庭的數目都持續上升，可以預見，今後這些男性的人數也會持續增加。這恐怕會加速男性幸福度的下滑，今後有必要關注其動向。

歸納

本章介紹與「男女幸福的變遷」有關的各種研究，其內容要點歸納如下。

①在美國，自一九七〇年代以後，男性的幸福看不出什麼多大的變化，但女性的幸福度降低。女性的社會經濟地位提升，但女性幸福度卻降低，這種傾向稱作「幸福悖論」。

②在日本，自二〇〇〇年代前半開始，女性的幸福度便沒再降低。因此我們可以說，在日本沒對「幸福悖論」展開觀察。

③日本自二〇〇〇年代前半開始，男性的幸福度有下滑的趨勢。其中，幸福度下滑特別明確的，是「五十歲以上的高齡未婚男性」與「四十九歲以下有孩子的男性」。

④今後可以預見，日本的未婚率和雙薪家庭的數目都將持續上升，恐怕會加速男性幸福度的下滑。

第八章

「幸福的谷底」幾歲會到來

年齡與幸福的經濟學

人生中幸福度最低的年紀，是48.3歲

包含日本在內的許多先進國家，人們都隨著醫療技術的發展而變得長壽。因此，有人說現在全球已邁入百年人生的時代。回顧人類過往的歷史，許多社會都在追求長壽，這本身可說是很棒的一件事。

話說，面對如此長壽的我們，腦中會突然浮現一個疑問，那就是「**人生的幸福度會一直都相同嗎，還是會改變呢**」。

會想到這個疑問，是因為我們會隨著年齡增加，而體驗到肉體和精神上的變化。就算因此而對幸福度的感受產生改變，也一點都不奇怪。年輕時，儘管肉體、精神上都很充實，卻缺乏人生經驗，相反的，上了年紀後，肉體和精神上都逐漸衰退，但人生經驗卻變得豐富。因此，雖是同樣的經驗，但可能會對幸福度造成不同的影響。

如果對幸福度的感受會產生變化，那又會有怎樣的傾向呢？這種實際情況

令人在意。

本章想採用最新的研究案例，來闡明「年齡造成的幸福度變化」其實際情況。

結婚典禮的致辭中，有這麼一句名言。

「人生中有三種坡。分別是上坡、下坡，以及風波。」

雖然這帶點詼諧成分，卻一語道破。

從以往的心理學和經濟學的研究成果得知，人生的幸福度有低潮期（下坡）和高潮期（上坡）。縱觀人生便會明白，幸福度與年齡的關係呈U字型。之所以說是U字型，是因為年輕到中年時，幸福度降低，之後邁入高齡期會上升，就此形成這樣的曲線（圖1）。

關於這點，根據美國達特茅斯學院的大衛・布蘭奇洛爾教授所做的

圖 1 年齡與幸福度的關係意象圖

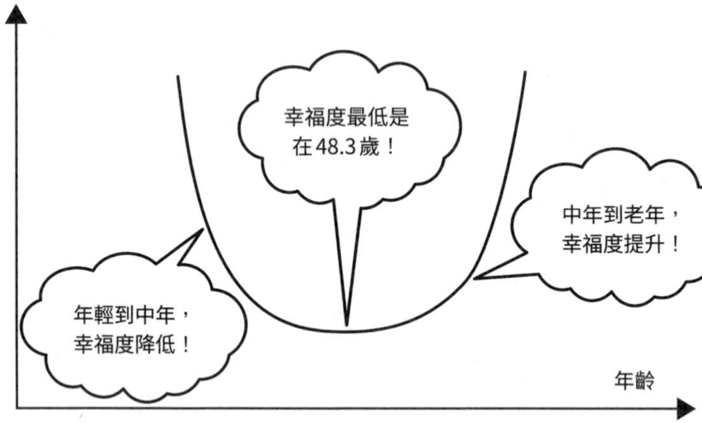

出處：Blanchflower, D.G.（2021）. Is happiness U-shaped everywhere? Age and subjective well-being in 145 countries. Journal of Population Economics 34, 575-624. 此外，這張圖表是參考推測結果製成的意象圖。

分析得知，在歐洲、亞洲、北美、南美、澳大拉西亞，以及非洲等世界一百四十五個國家，幸福度與年齡的關係都呈U字型，幸福度最低的年齡，平均值為48.3歲[1]。

附帶一提，以日本的結果來看，會因為數據資料而有所不同，不過，往往都是在四十九歲或五十歲時幸福度最低。日本在人口結構上，剛好是以邁入這個年齡的人最多。

幸福度與年齡的U字型關係，包含日本在內，是全球的人們現在所面對的現象，但為什麼它會發生呢？

五十歲左右，幸福度跌落谷底的原因

年齡與幸福度的關係呈U字型的背後，有各種說法。

比較具有代表性的說法，是四十到五十歲這段時間受理想與現實的落差折磨，幸福度就此降低[2]。

年輕時描繪自己「長大成人後的模樣」，到了中年一切成了現實，面對理想與現實的落差，覺得**「不應該是這樣」**，而被徹底擊潰。

根據美國西北大學的漢納斯．施萬特（Hannes Schwandt）副教授的研究得知，愈是年輕，愈會想像美好的未來，對整體生活滿意度的評估往往也會比現在更高[3]。因為年輕時，處在對往後人生充滿期待的狀態。這就是到了中年後，拉大理想與現實落差的原因。

此外，施萬特副教授也指出，到了老年後，對未來整體生活的滿意度評估往往會偏低。因此，理想與現實的落差變小，原本沒預料的一些小確幸，就此成了提高幸福度的原因。

年齡與幸福度的關係呈U字型的第二個原因，有一說指出是到了五十歲左右，肩上扛了照顧父母與育兒的雙重負擔，造成幸福度降低。

人到了五十歲左右，父母也上了年紀，真正需要照顧的情況增加。此外，如果有孩子，剛好會與上大學的時期重疊，金錢的負擔也達到了巔峰。這些負擔重重壓在身上，造成幸福度降低。

此外，在工作方面，同時也是在職場上擔任中階主管的時期，工作上的責任也會成為壓力的原因。以日本的情況來說，如同厚生勞動省的《薪資結構基本統計調查》所示，最近這十年來，能升上課長以上位階主管的比例逐漸降低，所以無法升上主管的情況也隨之增加。升上主管固然辛苦，但升不上壓力更大。

就像這樣，這也是在工作方面會累積許多壓力的時期，是幸福度降低的原因。

因應幸福度降低的方法，就是「錢」

如同前面所見，幸福度與年齡的關係呈U字型，在五十歲左右會有幸福度下跌的趨勢。

然而，近年來研究的結果得知，也有幸福度沒下跌，或是下跌幅度不大的情況。

其關鍵原因就在於「錢」。

荷蘭萊頓大學的迪米塔爾．托什科夫副教授，對年齡與幸福度的關係會因為所得水準而產生什麼變化展開驗證[4]。其分析結果得知，將所得分成十個階段時，年齡與幸福度的關係會因為所屬的所得階層而有很大的差異（圖2）。

他的分析結論是「如果屬於高所得階層，幸福度與年齡的關係幾乎呈現水平，看不出五十歲時有幸福度下跌的情形」（圖2的〈B〉）。

從這個結果我們可以說，高所得不光能消除五十歲左右時理想與現實的落差，也能因應照護和育兒的負擔。金錢果然是力量強大。

他的分析指出，如果所得是屬於最低的階層，則年齡與幸福度的關係，形狀就像曲棍球桿（圖2的〈C〉）。因為形狀像曲棍球桿，所以某個時期會降低，之後便會上升。說得更具體一點，在五十歲之前幸福度持續降低，之後幸福度便會微微上升。

此外，如果所得是屬於中間層，則幸福度與年齡的關係雖然會呈U字型，但在五十歲時幸福度下跌的情況會比低所得階層來得小（圖2的〈D〉）。

圖 2　年齡與幸福度的關係意象圖

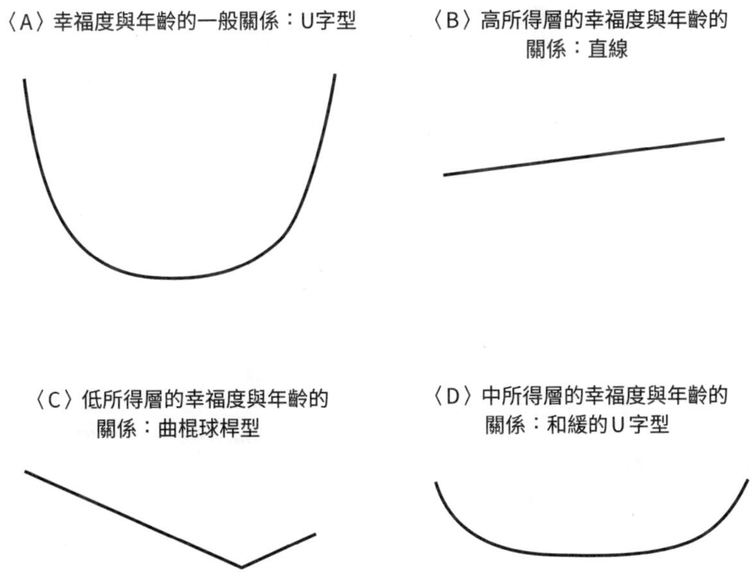

出處：（A）Blanchflower, D.G.（2021）. Is happiness U-shaped everywhere? Age and subjective well-being in 145 countries. Journal of Population Economics 34, 575–624.（B）、（C）、（D）Toshkov, D.（2022）. The Relationship Between Age and Happiness Varies by Income. Journal of Happiness Studies 23, 1169–1188. 此外，每個圖都是參考推測結果做出的意象圖。

在漫長的人生中總會有浮沉，但就平均來看，在五十歲左右幸福度最低。而其對應方法就是「錢」。俗話說「有錢能使鬼推磨」，經濟上的富足，果然可說是幸福不可或缺的要素之一。

這裡令人好奇的，是日本平均年收遲遲沒成長這件事。儘管如此，消費稅和社會保險費卻持續增加。因此，實際能留在手中的錢（＝可支配所得）不斷減少。

因為處在這種情況下，幸福度下跌的「中年危機」，今後將會益發嚴重，令人擔心。

與未婚子女同住的高齡者與獨居老人增加

前面看了過去年齡與幸福度的關係，不過，高齡期算是幸福度相對較高的時期。日本邁入高齡期的人逐年增加，所以可解釋成是幸福度高的人所占的比例增加。但這個解釋需要注意。之所以這麼說，是因為仔細看高齡者的家庭會發現，他們正面對結構的改變。

高齡者的家庭所面對的結構改變，是**與未婚子女同住者以及獨居者愈來愈多**。

下頁的圖3，將六十五歲以上的高齡者家庭分成五個族群，來看其變遷。從這張圖表中可看出四種變化。

一是**「與未婚子女同住的高齡者增加」**。在一九八六年，與未婚子女同住的高齡者比例為11%左右，但到了二〇一九年則上升為20%。以家庭數來看，二〇一九年約有五百一十二萬個家庭，大約是三代同堂的家庭數（約兩百四十萬個家庭）的2.1倍。

二是**「獨居家庭增加」**。二〇一九年，獨居家庭的比例為29%，只有高齡者自己獨居的家庭占整體將近三成。

三是**「只有夫妻倆的家庭增加」**。一九八六年，只有夫妻倆的家庭占18%，但到了二〇一九年增加為32%。

四是**「三代同堂的家庭減少」**。一九八六年，三代同堂的家庭比例為

圖 3 有六十五歲以上的人同住的家庭其家庭結構的變化

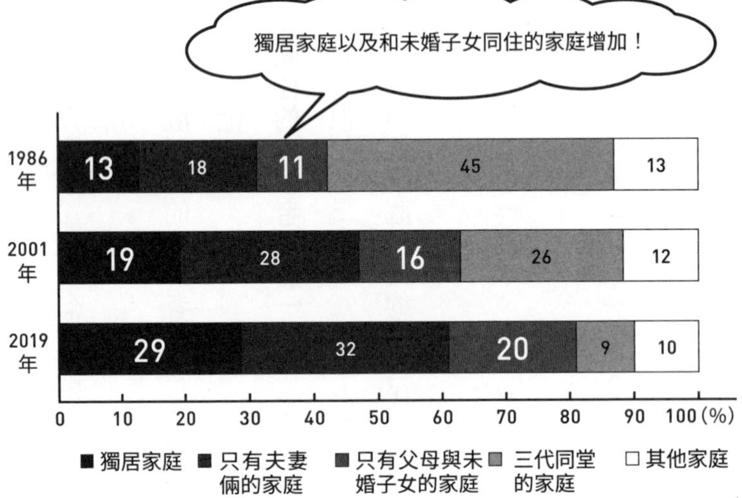

出處：厚生勞動省《2019年　國民生活基礎調查》。

45%，將近占全體的一半。當時與孩子和孫子同住，可說是高齡者很普遍的居住形態。但到了二〇一九年，這個比例下跌到只剩9%。與一九八六年相比，只有其五分之一的規模。在現今的日本，父母、孩子、孫子一起同住的形態已變得相當罕見。像國民卡通《海螺小姐》一樣，父母與兒子媳婦同住的居住形態，在現在已經很少了。

就像這樣，高齡者的家庭結構起了很大的變化，其中特別受矚目的，是與未婚子女同住的高齡者及獨居家庭的增加。因為近年來研究的結果得知，這些家庭有幸福度偏低的情況。

與未婚子女同住，會拉低幸福度

針對與未婚子女同住會對高齡父母的幸福度造成的影響，大阪商業大學的宍戶邦章教授展開分析[5]。

結果得知**「與未婚子女同住，會拉低父母的幸福度」**。宍戶教授同時也得到**「與已婚的子女同住，會提高父親的幸福度」**這樣的結果。此外，高齡女性與已婚子女同住的影響，還無法確認。

宍戶教授指出，以未婚子女的情況來說，在平日的家事和經濟等基礎的生活面，往往都會依賴父母，所以父母的負擔會增加，就此造成父母幸福度降低。此外，以已婚子女的情況來說，同住有助於未來生活基礎的穩定，所以能提高父親的幸福度。

從以上的分析結果來看，與未婚子女同住，似乎無法說是高齡父母樂見的結果。

不過，與未婚子女同住的影響，也有可能視情況而改變。像因為父母健康狀況惡化，為了在生活上提供援助，子女才一起同住的情況，就是個例子。像這種情況，與子女同住能發揮安全網的功能。

對於這種情況下的影響，尚未有充分的分析，不過，預料可能會有提高父母幸福度的效果。期待今後有人針對這點展開研究。

獨居老人的幸福度，男性低，女性高

對於近年來不斷增加的獨居老人的幸福度，中央大學的松浦司副教授與法政大學的馬欣欣教授展開分析[6]。

根據這項分析得知，**「男性的獨居老人幸福度低」**。

他們指出，其背後是因為男性的獨居老人與別人少有交流，容易孤立，以及得負擔家事，因而產生影響。

相對於此，**「女性的獨居老人幸福度較高」**。

原因是從家事的負擔中解脫。

在日本，性別角色分工意識依舊強烈，往往都偏向由女性負擔家事。如果是獨居，就不必負擔其他家人的家事，可以不受拘束地生活，所以幸福度高。

此外，女性與男性相比，家庭以外的交友關係更為廣闊，比較不會孤立，這點也有其影響力。

在松浦副教授等人的分析下，也對女性獨居老人與男性獨居老人的幸福度做了比較，得知女性的幸福度較高。

女性的獨居老人似乎相對比較幸福，與男性的獨居老人形成對比。

歸納

本章介紹「年齡與幸福的關係」相關的各種研究，其內容要點歸納如下。

① 幸福度與年齡的關係，在年輕到中年期這段時間會降低，之後到老年這段時間會上升，呈U字型。此外，幸福度最低的年齡，平均值是48.3歲。

② 年齡與幸福度的關係之所以呈U字型，推測有兩個原因，(1)四十～五十歲這段時間，理想與現實的落差就此顯現、(2)到了五十歲左右，發生了要照顧父母和育兒這雙重負擔。

③ 五十歲時的幸福度下跌，可以靠金錢來因應。

④與未婚子女同住，會造成高齡的父母幸福度降低。

⑤男性獨居老人的幸福度低，女性獨居老人的幸福度高。

終章

經濟學導引出的「幸福條件」為何？

幸福的決定條件

本書介紹了運用數據資料和經濟學的力量來分析幸福的結果。最後採用這些分析結果以及和幸福有關的學術論文，試著思考什麼是「幸福的決定條件」。

在書中看了許多與我們的幸福有關的因素。例如金錢、工作、結婚、孩子、離婚、家庭構成、性別、年齡，以及各種因素，但並未提到其相對的影響力大小。也就是說，對於「哪個因素會對幸福度帶來嚴重的衝擊」、「大幅提高幸福度的因素是什麼」、「大幅降低幸福度的因素是什麼」，並未明確展開檢討。

為了弄清楚這點，希望能看一些和幸福度有關的綜述論文。所謂的綜述論文，是對某個領域的學術論文展開網羅式的比較檢討後寫出的研究論文。看過之後，就能大致了解該領域的研究動向。

對於和整體幸福度有關的綜述論文，倫敦政經學院行為科學的保羅・多蘭（Paul Dolan）教授等人發表過論文[1]。論文名稱為**「我們真的知道是什麼讓我們變得幸福嗎？」**。

在這篇論文裡，多蘭教授等人指出造成幸福度大幅降低的四個主要原因。分別是**健康狀態惡化、失業、與伴侶離別，以及脫離社會的孤獨和孤立**。

如果健康狀態惡化，平日的生活就會出現障礙，幸福度也會隨之降低。一旦失業，不光失去社會地位和經濟能力，也會在意周圍人的目光，所以很難真切感受到幸福。此外，要是與重要的伴侶離別，受失落感折磨，或許會陷入不幸的深淵中。要是沒有可以輕鬆聊天的對象，或是有困難時沒人可以倚賴，覺得孤獨的人想必也很難感受到幸福吧。

就像這樣，健康、工作，以及人際關係，對我們的幸福，都有很大的影響力。

其實近年來有人指出，在這些因素中，**「人際關係可能影響最大」**。明確指出這點的人，是哈佛大學的羅伯特・沃丁格（Robert Waldinger）教授與布林莫爾學院的馬爾克・舒爾茨（Marc Schulz）教授[2]。他們從持續進行八十多年的哈佛成人發展研究中得到這個結論，並且提到「心靈相通的人際關係，會保護我們不受人生和年老的痛苦侵害」。

人際關係、健康、工作，正是我們平日的生活，一點都不新鮮。但我可以說，**我們的幸福就存在於這平日的生活中**。

只要社會改變，幸福的存在方式也會隨之改變

本書介紹了各種和幸福有關的話題，而在最後，我想談談該留意的事，以及今後會感到在意的事。

先來談該留意的事項，那就是**「現在人們認為是幸福的事，會因為社會變遷而改變」**。

此刻我們對幸福的感覺，與我們所面對的社會環境息息相關。舉例來說，在現今的日本社會下，在外工作的已婚女性與當家庭主婦的已婚女性相比，家庭主婦的幸福度比較高[3]。但從採用歐洲的數據資料所做的研究中得知，女性積極投入社會的國家，在外工作的女性其幸福度比家庭主婦來得高[4]。

這個結果與日本完全相反。其背後可能是因為，在一個女性能活躍表現，環境完善的社會下，認真工作，發揮能力，不僅賺錢，也會為自己帶來幸福，形成良性循環。

就像這樣，只要社會環境改變，即使是同樣的行動，帶來幸福的影響也會產生變化。即便是日本，在外工作的已婚女性幸福度勝過家庭主婦的日子，或許有一天也會到來。此外，有孩子的人，幸福度勝過沒孩子的人，這天也可能會到來。

就像這樣，幸福度是反映社會環境變化的指標，有時同樣的影響不會一直持續下。這點應該留意。

今後會感到在意的事

接著談到今後會感到在意的事。我們居住的日本，正面臨各種結構的變化。例如人口動態的變化。今後未婚人士和老年人想必會愈來愈多吧。

另外，夫妻組成的家庭，想必夫妻雙薪會比現在更常態化。想到這點，便覺得「幸福的未婚男性或未婚女性，是怎樣的人呢」、「幸福的老年人，其關鍵原因是什麼」、「幸福的雙薪夫妻是怎樣的人，而雙薪家庭之間，會產生幸福度的差距嗎」，這些問題可能會受到關注。

就像這樣，配合社會的變化，會出現新的話題。就像我前面提到的，幸福度是反映社會環境變化的指標，所以會配合社會的變化，出現應該加以分析的新課題。

對於這些新的課題，今後有必要逐一檢討。

結語

真的很謝謝各位付出寶貴的時間和金錢，看完這本書。最後，在製作本書時，對我多方關照的各位，請容我在此獻上萬分的感謝。

首先要由衷感謝PRESIDENT社的工藤隆宏先生和橫田良子小姐，謝謝他們給我這個機會撰寫本書。本書的契機，是PRESIDENT・ONLINE的報導，我接受橫田小姐的邀約，投稿到PRESIDENT・ONLINE。接著，看過那篇報導的工藤先生，與我談到出書的事。工藤先生在本書的製作上給了我明確的建議，在這本書完成前，多方為我指引方向。真的很感謝。

另外，也要藉這個機會，向我的恩師——慶應義塾大學的樋口美雄名譽教授獻上我的感謝。平庸如我，現在之所以能以經濟學者的身分任教，都多虧有樋口老師的指導。若沒有樋口老師的指導，就不會有今日的我。真的很感謝。

在我以研究者的身分展開研究的過程中，也曾受過慶應義塾大學的山本勳教授、早稻田大學的黑田祥子教授、法政大學的梅崎修教授、明海大學的影山純二教授、中央大學的松浦司副教授、明海大學的萩原里紗副教授、明海大學的寺村絵里子教授等多位老師的指導。能就近一睹諸位老師們研究的態度，真的是受益良多。

我在書中引用的自身研究，許多都有賴科學研究費補助金基盤研究B「從價值觀的變化中看出全球化的歸結（代表人：影山純二）」所提供的援助。在此表達感謝。此外，書中若有任何錯誤，全都由筆者負責。

最後，想在此為總是默默支持我的家人獻上由衷的感謝。

佐藤一磨

註釋一覽

〔序章〕

(1) Krueger, A. B., & Schkade, D. A.（2008）. The reliability of subjective well-being measure. Journal of Public Economics, 92（8-9）, 1833-1845.

(2) Frey, B. S., & Stutzer, A.（2001）. Happiness and Economics, Princeton University Press, Princeton.

(3) Diener, E., & Tov, W.（2006）. National Accounts of Well-Being. K. Land（ed）, Encyclopedia of Quality of Life.

(4) Verduyn, P., Ybarra, O., Resibois, M., Jonides, J., & Kross, E.（2017）. Do social network sites enhance or undermine subjective well-being? A critical review. Social Issues and Policy Review, 11, 274–302.

(5) Wirtz, D., Tucker, A., Briggs, C. et al.（2021）. How and Why Social Media Affect Subjective Well-Being: Multi-Site Use and Social Comparison as Predictors of Change Across Time. Journal of Happiness Studies, 22, 1673–1691.

(6) Tromholt, M., Marie, L., Andsbjerg, K., & Wiking, M.（2015）. The Facebook experiment: Does social media affect the quality of our lives（https://www.happinessresearchinstitute.com/_files/ugd/928487_680fc12644c8428eb728cde7d61b13e7.pdf）.

〔第1章〕

(1) Kahneman, D., & Deaton, A.（2010）. High income improves evaluation of life but not emotional well-being. Proceedings of the National Academy of Sciences, 107（38）, 16489-93.

(2) Killingsworth, M. A., Kahneman, D., & Mellers, B.（2023）. Income and emotional well-being: A conflict resolved. Proceedings of the National Academy of Sciences, 120（10）, e2208661120.

(3) Binder, M., & Coad, A.（2011）. From average joe's happiness to miserable jane and cheerful john: using quantile regressions to analyze the full subjective well-being distribution. Journal of Economic Behavior & Organization, 79（3）, 275-290.

(4) Easterlin, R. A.（1974）. Does economic growth improve the human lot？ Some Empirical Evidence. In David, P. A, and W. R. Melvin（eds.） Nations and Households in Economic Growth, Academic Press, New York, USA, 89-125.

(5) 大竹文雄、白石小百合、筒井義郎（2010）《日本的幸福度 差距、工作、家人》日本評論社

(6) Rudolf, R., & Bethmann, D.（2023）. The paradox of wealthy nations' low adolescent life satisfaction. Journal of Happiness Studies, 24, 79–105.

(7) 金敬哲（2019）《韓國 過度的資本主義 「無限競爭社會」的苦惱》講談社

〔第二章〕

(1) 厚生勞動省（2018）《平成三十年版　勞動經濟的分析》第2-（3）-27圖　關於沒就任要職的職員升上主管的希望等等（https://www.mhlw.go.jp/wp/hakusyo/roudou/18/backdata/2-3-27.html）

(2) ①Marmot, M. G., Bosma, H., Hemingway, H., Brunner, E., & Stansfeld, S.（1997）. Contribution of job control and other risk factors to social variations in coronary heart disease incidence. Lancet, 350（9073）, 235–39. ②Stansfeld, S. A., Fuhrer, R., Shipley, M. J., & Marmot, M. G.（1999）. Work characteristics predict psychiatric disorder: Prospective results from the Whitehall II study. Occupational and Environmental Medicine, 56（5）, 302–7. ③Ferrie, J. E., Shipley, M. J., Stansfeld, S. A., & Marmot, M. G.（2002）. Effects of chronic job insecurity and change in job security on self reported health, minor psychiatric morbidity, physiological measures, and health related behaviours in British civil servants: the Whitehall II study. Journal of Epidemiology and Community Health, 56（6）, 450–54.

(3) Boyce, C. J., & Oswald, A. J.（2012）. Do people become healthier after being promoted? Health Economics, 21（5）, 580–96.

(4) Johnston, D. W., & Lee, W.-S.（2013）. Extra status and extra stress: are promotions good for us? Industrial and Labor Relations Review, 66（1）, 32-54.

(5) Nyberg, A., Peristera, P., Westerlund, H., Johansson, G., & Hanson, L. L. M.（2017）. Does job promotion affect men's and women's health differently? Dynamic panel models with fixed effects. International Journal of Epidemiology, 46（4）, 1137-1146.

(6) 佐藤一磨（2022）「擔任主管會對主觀的福利和健康帶來怎樣的影響」, PDRC Discussion Paper Series, DP2022-002.

(7) 內閣府（2020）《男女共同參與白皮書　令和二年版》第十一圖　不同階級下，位居要職的女性比例的變遷（https://www.gender.go.jp/about_danjo/whitepaper/r02/zentai/html/zuhyo/zuhyo01-02-11.html）

(8) ①Jolly, N.A.（2022）. The effects of job displacement on spousal health. Review of Economics of the Household, 20, 123–152. ②Marcus, J.（2013）. The effect of unemployment on mental health of sposues– evidence from plant closures in Germany. Journal of Health Economics, 32, 546–558. ③Mendolia, S.（2014）. The impact of husband's job loss on partners' mental health. Review of Economics of the Household, 12（2）, 277–294.

(9) 佐藤一磨、影山純二（2023）〈女性活躍推進法對非主管的男性的主觀福利造成怎樣的影響〉，日本人口學會第七十五屆大會（南山大學、二〇二三年六月十日發表）

〔**第三章**〕

(1) 佐藤一磨（2023）「有無孩子造成的幸福度差異，在二〇〇〇～二〇一八年擴大了嗎」, PDRC Discussion Paper Series , DP2022-006.

(2) 松田茂樹（2010）「年輕未婚人士的雇用與結婚意願——作為少子化的對策，擴大支援年輕人經濟獨立——」, Life Design REPORT, Summer, 28-35.

(3) 佐佐木昇一（2012）「與結婚市場的差距問題有關的實證分析——男性的非正式就業對交往行動或持續單身所帶來的影響」，《日本勞動研究雜誌》, 620, 93-106.

(4) Esteve, A., Schwartz, C., Van Bavel, J., Permanyer, I., Klesment, M., & Garcia, J.（2016）. The end of hypergamy: Global trends and implications. Population and Development Review, 42, 615–625.

(5) 福田節也、余田翔平、茂木良平（2017）「日本學歷相近者結婚的趨勢：採用一九八〇年到二〇一〇年的國勢調查表資料展開分析」, IPSS Working Paper Series（J）, 14.

(6) 佐藤一磨（2020）「第二章　學歷比丈夫高的妻子幸福嗎」安藤史江編著《正要改變的組織　逐漸改變的職業婦女們》, 16-31, 晃洋書房

(7) Lee, W. S., & McKinnish, T.（2018）. The marital satisfaction of differently aged couples. Journal of Population Economics, 31, 337–362.

(8) 永井曉子（2005）「婚姻生活的時間流逝，造成妻子對夫妻關係滿意度的變化」，《季刊家計經濟研究》, 66, 76-81.

(9) Sato, K. 2022. Does the marriage with the man who is the eldest son bring happiness to women?: Evidence from Japan, PDRC Discussion Paper Series DP2022-004.

(10) Fujimoto, J., & Meng, X.（2019）. Curse or blessing: Investigating the education and income of firstborns and only boys, Journal of the Japanese and International Economies, 53, 1-20.

(11) 佐藤一磨（2021）〈夫妻關係滿意度與幸福度——夫妻感情不睦的婚姻與離婚，何者會降低幸福度——〉, PDRC Discussion Paper Series DP2021-001.

〔第四章〕

(1) ①Stanley, K., Edwards, L., & Hatch, B. （2003）. The family report 2003: Choosing happiness?. London: Institute for Public Policy Research. ②Toulemon, L. （1996）. Very few couples remain voluntarily childless. Population, 8, 1–27.

(2) Blanchflower, D. G., & Clark, A. E. （2021）. Children, unhappiness and family finances. Journal of Population Economics, 34, 625–653.

(3) ①永井曉子（2005）「婚姻生活的時間流逝，造成妻子對夫妻關係滿意度的變化」，《季刊家計經濟研究》, 66, 76-81. ②山口一男（2007）「夫妻關係滿意度與勞逸平衡」，《季刊家計經濟研究》, 73, 50-60.

(4) 山口一男（2005）「對於少子化的關鍵原因與對策——丈夫的角色、職場的角色、政府的角色、社會的角色」，《季刊家計經濟研究》, 66, 57-67.

(5) 朝日新聞「父親的煩躁」採訪班（2020）《丈夫無法對妻子說的真心話　圍繞著工作與育兒的內心糾葛的真面目》，朝日新書

(6) ①Huijts, T., Kraaykamp, G., & Subramanian, S. V. （2013）. Childlessness and psychological well-being in context: A multilevel study on 24 European countries. European Sociological Review, 29（1）, 32–47. ②Dykstra, P. A. （2009）. Older adult loneliness: Myths and realities. European Journal of Ageing, 6（2）,90–101.

(7) Yamamura, E., & Brunello, G.（2021）. The effect of grandchildren on the happiness of grandparents: Does the grandparent's child's gender matter? IZA Discussion Paper, 14081.

(8) 八重樫牧子、江草安彥、李永喜、小河孝則、渡邊貴子（2003）「祖父母參與育兒，對母親的育兒帶來的影響」《川崎醫療福祉學會誌》,13（2）, 233-245

(9) Brunello, G., & Rocco, L.（2019）. Grandparents in the blues. The effect of childcare on grandparents' depression. Review of Economics of the Household, 17, 587–613.

(10) Dunifon, R. E., Musick, K. A., & Near, C. E.（2020）. Time with grandchildren: Subjective well-being among grandparents living with their grandchildren. Social Indicators Research, 148（2）, 681–702.

(11) Powdthavee, N.（2011）. Life satisfaction and grandparenthood: Evidence from a nationwide survey. IZA Discussion Papers, 5869.

(12) Wang, H., Fidrmuc, J., & Luo, Q.（2019）. A happy way to grow old? Grandparent caregiving, quality of life and life satisfaction. CESifo working paper series, 7670.

(13) Herbst, C. M., & Ifcher, J.（2016）. The increasing happiness of U.S. parents. Review of Economics of the Household, 14（3）, 529–551.

〔第五章〕

(1) Clark, E. A., & Georgellis, Y.（2010）. Back to baseline in Britain: Adaptation in the BHPS. halshs-00564821.

(2) Brown, S. L. & Lin, L. F.（2012）. The gray divorce revolution: rising divorce among middle-aged and older adults, 1990-2010. The Journals of Gerontology Series B Psychological Sciences and Social Sciences, 67（6）, 731-741.

(3) Sato, K.（2017） The Rising Gray Divorce in Japan: Who will Experience the Middle-aged Divorce? Does the Middle-aged Divorce Have Negative Effect on the Mental Health? presented at International Population Conference 2017, November 3, Cape Town, South Africa.

(4) Guven, C., Senik, C., & Stichnoth, H.（2012）. You can't be happier than your wife. Happiness gaps and divorce. Journal of economic behavior and organization, 82（1）, 110-130.

(5) 西村和雄、八木匡（2020）「幸福感與自我決定——日本的實證研究（改訂版）」,RIETI Discussion Paper Series 18-J-026.

(6) 佐藤一磨（2014）「丈夫失業對離婚的影響」，《經濟分析》, 188, 119-141

(7) 雷莫・詹姆斯、岩澤美帆、潘帕斯・拉里（2005）「日本的離婚現狀：不同婚姻族群的趨勢與教育水準差距」《人口問題研究》, 61（3）, 50-67.

(8) Light, A., & Ahn, T.（2010）. Divorce as risky behavior. Demography, 47, 895–921.

(9) De Paola, M., & Gioia, F.（2017）. Does patience matter in marriage stability? Some evidence from Italy. Review of Economics of the Household, 15, 549–577.

(10) 池田新介（2012）《自我毀滅的選擇——不因拖延而後悔的新經濟學》東洋經濟新報社

〔第六章〕

(1) ①Krein, S. F. （1986）. Growing up in a Single Parent Family: The Effect on Education and Earnings of Young Men. Family Relations, 35（1）, 161–168.
②Amato, P. R., Patterson, S., & Beattie, B. （2015）. Single-parent households and children's educational achievement: A state-level analysis. Social Science Research. 53, 191-202.

(2) Mazrekaj, D., Fischer, M. M., Bos, H. M. W. （2022）. Behavioral Outcomes of Children with Same-Sex Parents in The Netherlands. International Journal of Environmental Research and Public Health, 19（10）, 1-12.

(3) Brenøe, A. A. （2022）. Brothers increase women's gender conformity. Journal of Population Economics, 35, 1859–1896.

(4) ①Feinberg, M. E., & Hetherington, E. M. （2000）. Sibling differentiation in adolescence: implications for behavioral genetic theory. Child Development, 71（6）, 1512–1524. ②Plomin, R., & Daniels, D. （1987）. Why are children in the same family so different from one another? International Journal of Epidemiology, 40（3）, 563–582.

(5) ①Abrams, D., & Thomas, J., & Hogg, M. A. （1990）. Numerical distinctiveness, social identity and gender salience. British Journal of Social Psychology, 29（1）, 87–92. ②Cota, A.A., & Dion, K. L. （1986）. Salience of gender and sex composition of ad hoc groups: an experimental test of distinctiveness theory. Journal of Personality and Social Psychology, 50（4）, 770–776.

(6) Fujimoto, J., & Meng, X. （2019）. Curse or blessing: Investigating the education and income of firstborns and only boys, Journal of the Japanese and International Economies, 53, 1-20.

(7) 美國：Kantarevic, J., & Mechoulan, S. （2006）. Birth Order, Educational Attainment, and Earnings: An Investigation Using the PSID. The Journal of Human Resources, 41（4）, 755–777. 英國：Booth, A. L., & Kee, H. J.（2009）. Birth order matters: the effect of family size and birth order on educational attainment. Journal of Population Economics, 22, 367–397. 挪威：Black, S. E., Devereux, P, J., & Salvanes, K, G.（2005）. The More the Merrier? The Effect of Family Size and Birth Order on Children's Education, The Quarterly Journal of Economics, 120 （2）, 669–700. 瑞典：Barclay, K, L. （2015）. Birth order and educational attainment: evidence from fully adopted sibling groups, Intelligence, 48, 109-122.

(8) Havari, E., & Savegnago, M. （2020）. The intergenerational effects of birth order on education. Journal of Population Economics, 35, 349–377.

〔第七章〕

(1) Stevenson, B., & Wolfers, J. （2009）. The Paradox of Declining Female Happiness. American Economic Journal: Economic Policy, 1（2）, 190–225.

(2) Mitsuyama, N. & Shimizutani, S. （2019）. Male and Female Happiness in Japan during the 2000s: Trends During Era of Promotion of Active Participation by Women in Society. The Japanese Economic Review, 70（2）, 189-209.

(3) 佐藤一磨（2022）「從二〇〇〇年代前半到二〇一〇年代後半，女性的幸福度如何變遷」, PDRC Discussion Paper Series DP2022-001.
(4) 本川裕（2021）「幸福度的男女差距的變遷（世界價值觀調查的日本結果）」社會實情資料圖鑑（https://honkawa2.sakura.ne.jp/2472.html）
(5) Matsuura, T., & Ma, X. （2022）. Living Arrangements and Subjective Well-being of the Elderly in China and Japan. Journal of Happiness Studies, 23, 903–948.

〔第八章〕

(1) Blanchflower, D. G. （2021）. Is happiness U-shaped everywhere? Age and subjective well-being in 145 countries. Journal of Population Economics, 34, 575–624.
(2) Graham, C., & Ruiz Pozuelo, J. （2017）. Happiness, stress, and age: how the U curve varies across people and places. Journal of Population Economics, 30, 225–264.
(3) Schwandt, H. （2016）. Unmet aspirations as an explanation for the age U-shape in wellbeing, Journal of Economic Behavior & Organization, 122, 75-87.
(4) Toshkov, D. （2022）. The Relationship Between Age and Happiness Varies by Income. Journal of Happiness Studies, 23, 1169–1188.
(5) 宍戸邦章（2007）「關於高齡期的幸福感規定因素的男女差距——JGSS-2000/2001 根據綜合資料展開檢討」日本版 General Social Surveys 研究論文集[6] 以JGSS看日本人的意識與行動 JGSS Research

Series No.3.

(6) Matsuura, T., Ma, X.（2022）. Living Arrangements and Subjective Well-being of the Elderly in China and Japan. Journal of Happiness Studies, 23, 903–948.

〔終章〕

(1) Dolan, P., Peasgood, T., & White, M.（2008）. Do we really know what makes us happy? A review of the economic literature on the factors associated with subjective well-being, Journal of Economic Psychology, 29（1）, 94-122.

(2) 羅伯特・沃丁格、馬爾克・舒爾茨（2023）《Good Life　讓自己幸福，怎樣都不嫌晚》辰巳出版

(3) 佐藤一磨（2018）「家庭主婦真的最幸福嗎」PDRC Discussion Paper Series DP2017-010.

(4) Bas,levent, C., & Kirmanogˇlu, H.（2017）. Gender Inequality in Europe and the Life Satisfaction of Working and Non-working Women. Journal of Happiness Studies, 18, 107–124.

本書是以刊載在PRESIDENT · ONLINE上的報導，加以修改、訂正後製作成書。

國家圖書館出版品預行編目資料

錢買得到幸福嗎？：關於金錢，殘酷無情的實話經濟學 / 佐藤一磨著；高詹燦譯 . -- 初版. -- 臺北市：平安文化有限公司, 2025.5
面；公分. -- (平安叢書；第843種)(我思；28)
譯自：残酷すぎる 幸せとお金の経済学

ISBN 978-626-7650-40-0 (平裝)

1.CST: 經濟學 2.CST: 通俗作品

550　　114004729

平安叢書第843種
我思 28

錢買得到幸福嗎？

關於金錢，殘酷無情的實話經濟學

残酷すぎる 幸せとお金の経済学

作　　者—佐藤一磨
譯　　者—高詹燦
發 行 人—平　雲
出版發行—平安文化有限公司
臺北市敦化北路120巷50號
電話◎02-27168888
郵撥帳號◎18420815號
皇冠出版社(香港)有限公司
香港銅鑼灣道180號百樂商業中心
19字樓1903室
電話◎2529-1778　傳真◎2527-0904
總 編 輯—許婷婷
副總編輯—平　靜
責任編輯—陳思宇
美術設計—嚴昱琳
行銷企劃—謝乙甄
著作完成日期—2023年
初版一刷日期—2025年5月

法律顧問—王惠光律師

讀者服務傳真專線◎02-27150507
電腦編號◎576028
ISBN◎978-626-7650-40-0
Printed in Taiwan
本書定價◎新臺幣360元/港幣120元